台湾有事と日本の危機

習近平の「新型統一戦争」シナリオ

峯村健司
Minemura Kenji

PHP新書

はじめに――台湾総統選挙と「トランプ2・0」

台湾併合に向けた条件がそろった

二〇二四年は、近年まれにみる「選挙イヤー」となった。英誌『エコノミスト』によると、世界の半分以上の人口を抱える国々が選挙を実施する。インドネシアの大統領選や、韓国、インドの総選挙のほか、日本でも九月に自民党総裁選挙がある。そこに暮らす四〇億人超が、票を投じる計算となる。

その嚆矢《こうし》となったのが、一月十三日に投開票があった台湾総統選挙だ。与党・民進党の頼《らい》清徳《せいとく》副総統が最大野党・国民党の侯友宜《こうゆうぎ》新北市長と台湾民衆党の柯文哲《かぶんてつ》前台北市長との接戦を制し、初当選した。一九九六年に総統選の直接選挙が導入されて以来、同一政党が三期（一期四年）連続で政権を担うのは初めてのことだ。

だが、頼清徳の得票率は四〇％にとどまり、一九九六年以来二番目の低さとなった。また、総統選と同時に行われた国会議員にあたる立法委員選（定数一一三）では、国民党が前回より一五議席増やして五二議席を得た一方、民進党は前回より一〇議席減らして五一議席にとどまり、過半数を獲得できず、少数与党となった。こうした結果について、総統選直後に台北で筆者が面会した頼陣営の最高幹部は神妙な面持ちで語る。

「厳しい結果となった。有権者は頼清徳個人には信任を与えてくれたが、わが党が担ってきた、これまでの八年間の成果には『NO』を突きつけた。中でも二十代、三十代の支持がほとんど得られなかった衝撃は大きい。インフレや不動産価格の高騰に対して政権に強い不満を抱いている。新政権はまず、効果的な経済政策を打ち出すことが急務だ」

にもかかわらず、頼清徳が接戦を制したのは、ライバルである国民党の馬英九《ばえいきゅう》前総統の投開票日三日前に公開されたドイツの国際公共放送ドイチェ・ウェレ（DW）のインタビューでの発言が影響したからだ。記者から「習近平国家主席を信用するか」と尋ねられ、こう答えた。

「両岸（中台）関係については、信頼しなければいけない。統一は憲法に書いてあり、本来は受け入れられる」

馬英九は総統だった二〇一五年に、シンガポールで中台が分断して初めて最高指導者として習近平と会談した。二〇二三年三月には、総統経験者として初めて中国を訪れてもいる。親中派の馬の発言は、中国との統一に反対する有権者の反感を招いた。前出の頼陣営の最高幹部はこう振り返る。

「馬英九氏の発言によって、我々の支持率は一気に上昇した。まさに『神風』が吹いた」

慌てた国民党候補の侯友宜は「私と馬前総統の意見は同じではない」と火消しを図ったが時すでに遅し。中国とは距離を置いて台湾の独自性を強調する民進党政権の継続を有権者は選択した。

頼清徳は勝利確定後の記者会見で、蔡英文《さいえいぶん》政権の外交・国防路線が評価されたとの認識を示し、胸を張った。

「世界に対して台湾は引き続き国際社会と民主主義の盟友とともにあることを示した」

頼はかつて自身を「忠実な台湾独立工作者」と称したこともあり、中国側も「独立分子」と認定して批判を展開している。副総統となった蕭美琴《しょうびきん》・前駐米代表（大使に相当）も二〇二二年八月のナンシー・ペロシ米下院議長の訪台直後、中国政府が制裁を科した。翌二三年四月、蔡英文総統が訪米してケビン・マッカーシー米下院議長と面会した後にも制裁を受けた。中国政府から二度も制裁を科された背景について、ワシントンで蕭と働いていた関係者は解説する。

「蕭代表は米議会に幅広いネットワークを張っており、上下両院のほぼすべての議員と直で電話ができるほど信頼されていた。蕭代表こそが、蔡総統と二人の米下院議長との面会の立役者であり、中国側は強く反発したのだろう」

台湾人の父親と米国人の母親の間に生まれた蕭美琴は高校から米国で生活をしており、英語は中国語よりもうまい。「ワシントンでもっとも影響力のある大使」（『ニューヨーク・タイムズ』）と称されるほど、米国の政界とのパイプが太い。蕭美琴のことを中国側が強く警戒していることがうかがえる。蕭を副総統候補に選んだ理由について、前出の頼陣営の最高幹部が続ける。

「当初、蕭美琴氏に副総統を打診したら、『ワシントンに残りたい』と固辞していた。しかし、頼清徳氏が説得して承諾してもらった。万が一、台湾海峡で危機が起きた際、蕭氏の米国政界とのチャネルが極めて重要だからだ」

中国側が「台湾独立分子」と認定する頼清徳、蕭美琴のコンビの当選に対して、当選直後から攻勢に出た。

「民進党は台湾の主流な民意を代表していない」

中国政府で台湾政策を担当する国務院台湾事務弁公室は、頼清徳の得票率の低さと立法委員で民進党が少数派となったことを指して、こう批判した。

投開票日の二日後の一月十五日には、南太平洋島嶼《とうしょ》国のナウルが、台湾との外交関係を解消し、中国と国交を樹立することを発表した。これで台湾が外交関係を有する国は一二国となった。中国外務省の毛寧《もうねい》報道官は会見で、「ナウルの決定を称賛、歓迎する」と表明した。台湾と外交関係を持つ国の切り崩しを図る中国の策動があったのは間違いない。

また、総統選直後から中国軍機が、台湾海峡の暗黙の休戦ラインである「中間線」や、その延長線を越え、台湾の南西、北部空域に侵入したほか、中国軍艦も台湾海峡で活動を活発化させた。

こうした中国側の攻勢について、前出の頼の陣営幹部の一人は警戒感をあらわにする。

「想定よりも早く、烈度も高く警戒を強めている。だが、中国によるどのような圧力にも我々は屈服しない」

頼清徳政権が発足する五月二十日に向けて、軍事、外交、経済の各方面から圧力を強めていくのは間違いない。

頼政権は発足後も厳しい政権運営を強いられることになりそうだ。なぜなら、二〇〇〇～

〇八年の陳水扁《ちんすいへん》政権（民進党）以来、十六年ぶりとなる議会との「ねじれ」状態となるからだ。当時、陳政権は米国から通常動力型の潜水艦八隻の購入を取りつけたが、防衛予算案を野党・国民党に否決されるなど、重要な政策が頓挫した。

頼陣営も今回、米国や日本との安全保障面での関係強化を打ち出しているが、予算案や法案の審議で野党の抵抗に遭うのは避けられない。政権運営に行き詰まれば、支持率のさらなる低下を招くことになるだろう。頼政権が求心力を失って台湾の人々の反発が強まれば、「統一」に向けた揺さぶりをかけやすくなる。

今回の選挙結果は、習近平政権にとって台湾併合に向けた条件がそろったもの、と筆者はみている。

バイデンを制するトランプ

さらに総統選挙後、台湾有事の命運を握るとみられるイベントがある。十一月の米大統領選だ。

米史上最高齢となる八十一歳の現大統領のジョー・バイデンは再出馬を表明している。最近では、記者会見で言い間違いをしたり、移動中につまずいたりする姿がメディアで頻繁に報じられるようになり、有権者の間でも健康不安説が高まっている。バイデン政権に助言をしている民主党関係者は、再出馬をめぐる状況についてこう打ち明ける。

「ホワイトハウス内のスタッフの最大の関心事は、内政や外交よりも大統領の健康問題となっている。大統領が転びにくいテニスシューズを探したり、飛行機のタラップをどのように安全に下りればいいのか議論したりしている。二期目の政権運営を不安視する声は高まっているものの、大統領本人は再出馬に強い意欲を示している」

落ち目の現職大統領を尻目に、捲土重来を期す前大統領のドナルド・トランプは優勢を保っている。機密文書の持ち出しを含め、四つの刑事事件で起訴されており、すべて有罪となった場合の最高量刑は合計で禁錮七百年以上となる。だが、米国憲法は刑事事件で起訴された人物の大統領選立候補を禁じていない。むしろ、起訴されるたびに、支持率は上昇している。共和党候補者によるテレビ討論会を欠席しているにもかかわらず、党内支持率のトップを走り続けている。

対バイデンでも優位に立っている。米ネットニュース企業のメッセンジャーと調査会社ハリスXが二〇二三年十二月に実施した世論調査によると、トランプとバイデンが候補者として争った場合どちらに投票するか尋ねたところ、トランプが四七%で、バイデンの四〇%を上回った。

中でも、選挙のたびに勝利政党が変わる「スイングステート（揺れる州）」において、トランプが優勢のようだ。米『ニューヨーク・タイムズ』紙などが二〇二三年十一月に公表した世論調査によると、勝敗を決するうえで重要な六つの州（アリゾナ、ジョージア、ミシガン、ネバダ、ペンシルベニア、ウィスコンシン）のうち、ウィスコンシンを除く五州でトランプがバイデンをリードした。二〇二〇年の大統領選では、この六つの州すべてでバイデンがトランプを破っている。

訴追されている事件の行方次第では予断を許さないものの、このままの状況が続けばトランプがバイデンを制する可能性が高まりつつあるといっていいだろう。

「強硬」の反対なら対中関係改善へ

ではトランプが再選した場合、「トランプ2・0」の対中政策はどのようになるのだろうか。

トランプは一期目の選挙期間中から、中国批判を繰り広げてきた。とくに中国との貿易赤字を敵視しており、二〇一八年七月以降、米国に輸入する中国製品に追加関税をかけてきた。バイデン政権の対中政策についても、トランプは「弱腰」と批判を展開している。

「トランプ2・0」でも引き続き対中強硬政策を続けるのだろうか。第一次トランプ政権で外交政策に携わった高官はこう予測する。

「大統領自身が対中政策に主義や思想があるわけではなく、必ずしも一期目の強硬政策を続けるとは限らない。そのときの世論の『風』を読んで、支持の獲得に有利になるかどうかを重視している。それによって、極端な対中強硬に振れるか、融和路線に舵を切ることも十分にある。ライバルであるバイデン氏と正反対の政策を選ぶことは間違いない」

「トランプ2・0」の基本政策が「反バイデン」路線だと仮定すると、トランプ自身が今のバイデン政権の対中政策をどのように評価しているのかが重要になってくるだろう。

トランプがバイデン政権の対中政策を「弱腰」とみていれば、さらなる強硬路線を採るだろう。公約に掲げているように、中国に対し、低関税での輸入を認める貿易優遇措置の「最恵国待遇」の取り消しに踏み切る可能性がある。安全保障面でも一期目のように軍備増強を進め、中国への圧力を強めていくこともありうるだろう。台湾情勢が緊迫してきた場合、米軍を参戦させて中国との交戦も辞さない姿勢を示すことも十分に考えられる。

一方、バイデン政権の対中政策が「強硬」だとトランプが評価していれば、中国との関係改善に動くことも考えられる。

バイデン政権はトランプ政権の対中強硬路線を受け継いだうえ、日本や韓国との同盟強化を図って対中抑止を強めてきた。中国向けの先端半導体の輸出規制を強めたほか、米国が主導する新たな経済圏構想「インド太平洋経済枠組み（ＩＰＥＦ）」を打ち出して、経済安全保障の観点から中国への圧力を強化した。

二〇二三年八月には、ワシントン近郊の大統領山荘キャンプ・デービッドに岸田文雄首相と韓国の尹錫悦《ユンソンニョル》大統領を招いて首脳会談を行った。この地に大統領が任期中に外国要人を招待するのは一回か二回だけ。日本の首相として初めて中曽根康弘が一九八六年にロナルド・レーガン大統領に招待されたほか、ジョージ・Ｗ・ブッシュ大統領が二〇〇一年に小泉純一郎首相を、二〇〇七年に安倍晋三首相をそれぞれ招いている。それだけバイデンが日本と韓国との同盟を重視していることの裏返しといえよう。また、台湾政策についても、中国軍が台湾侵攻をした場合に米軍が防衛することをバイデンは四度にわたり明言している。

この反対の政策を「トランプ2・0」が採ったらどうなるだろうか。中国への先端半導体の輸出規制を緩和し、ＩＰＥＦなどの枠組みを形骸化するだろう。一期目のように習近平政権と交渉をして、対中貿易赤字の縮小を中国側に約束させる見返りに安全保障で妥協をするディール（取引）をすることも考えられる。同時に日本や韓国に対し、米軍の駐留経費の負担増を求めてくるだろう。

台湾をめぐる「現状」は崩れる

そして何よりも予測が難しいのが、「トランプ2・0」の台湾政策だ。

トランプは台湾政策についてほとんど公言していない。それを垣間見ることができるのが、二〇二三年七月の米FOXテレビのインタビューで、「たとえ中国と戦争になっても、米国は台湾を守るべきか」という質問にトランプはこう答えた。

「私が大統領の立場だったら、私の考えていることについては答えたくない。その質問に答えたら、交渉のうえで私が不利な立場に置かれるからだ。一つ言えることは、台湾は私たちの半導体製造をすべて奪ってしまった。私たちはかつて自分たちで半導体を製造していたが、今では半導体の九〇％が台湾でつくられている。もし中国が台湾を奪えば、世界を敵に回すことになる。覚えていてほしいことは、台湾が高性能で素晴らしい我々のビジネスを奪ったということだ。我々はそれを阻止すべきだった。課税すべきだった。関税をかけるべきだった」

トランプの台湾観は、民主主義のような価値観ではなく、半導体産業という経済要素だけに重点が置かれていることがうかがえる。しかも、中国と同様、米国の産業への「加害者」とみている点が見逃せない。

台湾有事が緊迫化してくると、トランプは台湾を防衛する見返りに、半導体産業を米国内に誘致するような交渉を仕掛けてくるほか、高額な武器の購入を台湾側に要求することが想定できる。また、台湾を対中交渉の取引材料の一つとみていれば、中国との貿易赤字を縮小する見返りに台湾問題で譲歩する可能性が浮かび上がる。これによって、トランプが「台湾危機を回避した」と内外にアピールできれば、悲願のノーベル平和賞の獲得に一歩近づくことにもつながる。

こうしてみると、中国に対して「トランプ2・0」が強硬になっても、デタント（緊張緩和）に向かったとしても、台湾をめぐる現状は崩れ、日本にとっても厳しい情勢に追い込まれることになる。

二〇二四年の「選挙イヤー」は、国際秩序を激変させる転換点となりうる。中でも第二次世界大戦後、八十年近くにわたり奇跡的に平和を享受してきた日本が、最大の被害国になりかねない。

その最大のトリガー（引き金）となりうるのが、台湾有事なのだ。

台湾有事と日本の危機

目次

第1章

「台湾統一」は習近平の「宿命」

――衝撃の有事シナリオ

第2章

中国はどのように台湾併合を目論んでいるのか

——習近平の〝戦略ブレーン〟が考える「新型統一戦争」をシミュレーション

第3章

先鋭化する米中対立

――東アジアの〝火薬庫〟はいつ爆発してもおかしくない

第4章　台湾有事で巻き込まれる日本
――次々と浮かび上がる日本の課題

第5章

習近平の「情報戦」に立ち向かえ
――周回遅れの日本

＊本書では原則として敬称を略しました。

序章

台湾有事はもう始まっている

——最重要ターゲットは日本

中国で相次ぐ邦人拘束の背景

「三月に本帰国することになりました。東京で久しぶりにお目にかかることを楽しみにしております」

二〇二三年一月、筆者は北京在住のある日本人から新年のあいさつメールをもらった。日本の大手製薬会社、アステラス製薬の男性幹部だった。この男性は計二十年余り、中国で勤務したことがある「中国通」で、中国の政府や製薬業界にも幅広い人脈を持っている。

筆者も北京特派員時代から親交があり、新著を出したりテレビ出演をしたりすると、律儀に感想を送ってきてくれた。

ところが、男性幹部からは帰国予定日が過ぎても連絡がなかった。中国で治安を担当する複数の当局者に筆者が確認したところ、男性幹部は帰国日当日、日本行きの飛行機に乗るために北京の空港に到着したところ、中国の諜報機関、国家安全省の当局者らに拘束されたという。

この事実を旧知の日本メディアの北京特派員に伝え、男性幹部の拘束が報じられた。

大手企業のしかも幹部の拘束に、日本のビジネス界に衝撃が走った。この男性幹部はかつて、中国に進出している日本企業の団体「中国日本商会」（本部・北京）の幹部も務めたことがある対中ビジネスの「顔」ともいえる存在だったからだ。筆者も日本メディアのほか、英『フィナンシャル・タイムズ』や米『ウォールストリート・ジャーナル』など、外国メディアの取材を受け、男性幹部の拘束の経緯などを説明した。

北京の日本大使館が幹部に領事面会をしているものの、明確な拘束理由はいまだに明らかになっていない。筆者は治安問題に関わる中国政府関係者に拘束の背景について尋ねた。

「男性社員には『反スパイ法』および刑法に違反した容疑がかけられている。我が国は法治国家であり法に則って判断しているのは言うまでもない。ただ、その判断において日本政府の最近の台湾情勢を含めた対中政策が、要因の一つとなったことは否定しない」

この関係者は、男性幹部の拘束事件と、岸田政権の対中政策との関係を示唆したのだ。

岸田政権が発足した当初、対中関係重視の政権だと中国側はみなしていた。だが、実際に打ち出された政策は中国側の期待を裏切るものとなった。

二〇二二年十二月に閣議決定された「国家安全保障戦略」などいわゆる戦略三文書では中国を「脅威」とみなしたほか、二〇二七年度には国内総生産（ＧＤＰ）比で防衛費を二％に増額するなど、国交正常化以降五十年間続けてきた対中政策を大きく転換した。あわせて台湾政策についても米国との連携を強めている。

こうした岸田政権が打ち出している対中強硬政策への一種の「報復」として、習近平政権が邦人拘束をしている構図が浮かび上がる。

中国による非対称的な「人質外交」の手法は、これまでも使われてきた。

その一例として、二〇一〇年九月に沖縄県・尖閣諸島沖の漁船衝突事件において、日本政府が中国人船長を逮捕した直後、準大手ゼネコン・フジタの社員ら四人が河北省の軍事管理区域で撮影をしたとして拘束された。このときは日本側が中国人船長を釈放した後、最後まで残っていたフジタ社員が釈放された。

その後も中国において邦人の拘束事件は続いた。二〇一四年に「反スパイ法」が制定されたことによって、さらに急増した。この法律は、スパイ行為を定義し、国内の組織や市民を広く動員してスパイ活動を防ぐ狙いがある。ただ、スパイ行為の定義の中には「その他のスパイ活動」というあいまいな項目もあり、海外の組織やそれと関係する中国人など幅広い対象に対し、意図的な取り締まりが行われるようになった。

二〇一五年五月、遼寧省と浙江省で「スパイ行為」に関わった疑いで、日本人男性二人が相次いで中国当局に拘束された。二人は共に日本在住の民間人で、中国に渡航して拘束された。遼寧省の男性は北朝鮮との国境地帯で、浙江省の男性は軍事施設周辺で拘束された。日中両政府の関係者に確認したところ、二人は日本の公安調査庁から写真撮影をするように依頼をされたという。ただ、このとき日本政府は、公安調査庁の関与について否定して、救出には動かなかった。この年には別の日本人の男女二人も新たに中国当局に拘束されていることも判明した。

二〇一七年には、地下探査を行う日本企業の社員ら六人が山東省と海南省で国家安全当局に拘束された。二〇一八年二月には、広東省広州市の国家安全当局が、大手商社・伊藤忠商事の男性社員を拘束した。同社は初の民間出身の中国大使にもなった丹羽宇一郎の出身企業で、中国との関係が深いだけに、日本のビジネス界でも驚きの声が上がった。この男性社員は翌一九年十月、広州市の中級人民法院（地裁に相当）で懲役三年と一五万元（約二三〇万円）の個人資産を没収する判決を言い渡された。すでに刑期を終え帰国している。

二〇一九年九月には、北海道大学の教授が北京で拘束された。この教授は中国の政府系シンクタンク、社会科学院の招待で北京を訪れていたところ、反スパイ法容疑で拘束された。

この教授は、筆者が所属している同大公共政策学研究センターの同僚である。筆者自身も解放に向けて日本政府当局者らに働きかけをしたこともあり、救出までの経緯を熟知している。当初、外務省や北京の日本大使館の反応は鈍かった。安倍晋三首相や菅義偉官房長官らが、中国側と水面下で交渉を重ね、約二カ月後の同年十一月に釈放され、帰国することができた。

この教授を解放できたのは、逮捕、起訴される前の「居住監視」という状態に置かれている間に日本政府が中国側に強い働きかけをしたからだ。

「居住監視」とは、中国の刑事訴訟法で定められた措置で、「国家の安全」に関わる容疑の場合は、逮捕をする前に身柄を拘束できる。窓のない施設の一室に軟禁され、二十四時間にわたり二人の監視員に見張られる。連日取り調べを受け、弁護士と接見することは許されていない。筆者は中国で拘束された後に帰国した複数の邦人に話を聞いたことがある。いずれも「居住監視が最も心身ともにきつかった」と口をそろえていた。まさに人権を無視した中国特有の制度といえる。

だが、この教授を除いてほとんどが起訴、懲役刑を受けている。反スパイ法が施行されてから二〇二三年末までの段階で、これまでに邦人一七人が拘束され、計一〇人に三～十五年の実刑判決が確定した。起訴されていない人も含め、現時点で五人が中国国内にとどめられている。

　さらに習近平政権は二〇二三年七月一日、改正版「反スパイ法」を施行した。「反スパイ法」で違法の対象としていた「国家の秘密や情報」だけではなく、「国家の安全と利益に関わる文書やデータ、資料や物品」を盗み取ったり提供したりすることも違法行為として加わった。「総合的国家安全保障観」を掲げ、政治や軍事に加え、経済、文化、社会、科学技術、情報などの幅広い分野の情報保護を最優先する習近平政権の方針が色濃く映し出されたものだ。

　同法を読み解くと、業務に必要な写真や地図、統計データをネットで検索したり保存したりすることも違法となりかねないことがわかる。中国内の自社の顧客データを日本に持ち帰ることですら抵触しかねない。

　この改正によって、中国政府がより曖昧な解釈で中国内の邦人を拘束するリスクが高まったといっていいだろう。

「武力を使った平和統一」

　習近平政権が近年、日本に対して実施している政策を精緻に分析していくと、一本の線につながっていくことがわかる。政権が最重視する「祖国統一」つまり「台湾統一」の実現に向け、成否のカギを握る日本に対して次第に圧力を高めていることがうかがえる。しかも直接軍事的手段を使わずに、邦人拘束という間接的なやり方で攻勢をかけているのだ。

こうした習近平政権の台湾政策の理論的支柱となっているのが、中国国防大学の劉明《りゅうめい》福《ふく》・上級大佐だ。劉は習近平政権が発足した二〇一二年、政治スローガン「中国の夢」のコンセプトをつくった「戦略ブレーン」の一人である。

劉明福は「台湾統一」において軍事力の行使を否定していない。だが、そのやり方は従来の戦争の概念とは異なる「新型統一戦争」だと指摘する。その手法について、劉明福は、その著『中国「軍事強国」への夢』（峯村健司監訳、加藤嘉一訳、文春新書、二〇二三年九月）で、次のように解説している。

〈「人員に死傷なし」「財産の破壊なし」「社会に損害なし」という特徴を有する大勝利を目指すものだ〉

劉のいう「新型統一戦争」とは、市民の生命や社会財産、インフラに極力被害を出さない形で、台湾を併合することを目指す「武力を使った平和統一」という独自の方法だ。つまり、戦争状態には至らない「グレーゾーン」において、台湾やそれを支援する米国や日本に対し、軍事的な手段を使った圧力を加えていくことで、強制的に台湾との「統一」交渉に持ち込もうとしている。

確かに習近平国家主席自身が「中国人は中国人を攻撃しない」と繰り返し言及しているように、台湾に対して全面的な軍事侵攻の形はできるだけ避けたいのが本音だろう。台湾に親戚がいる中国の政府・軍幹部は少なくない。さらに台湾には、全世界の九二％の最先端半導体の製造が集積するほか、中国にとって重要なサプライチェーン（部品供給網）も抱えている。

台湾市民による抵抗や、国際社会の反発を最小限に抑えるためにも、可能な限り〝無傷〟で「統一」を図ろうとする狙いが透けて見える。この習近平政権が構想する「新型統一戦争」とは、具体的にどのようなアプローチなのだろうか。

筆者が二十年近くにわたり、中国人民解放軍の内部文書を含めた文献や軍事演習を研究していて気付いたことは、「被害者意識」が強いということだ。

最近の中国による尖閣諸島（沖縄県石垣市）に対する艦船の派遣や、台湾周辺に対する軍事演習を見ていると、意外に思う読者もいるだろう。だが、一四カ国と国境を接する中国は長年にわたり、国境紛争が絶えなかった。圧倒的な軍事力を持つ米国とは間接的に朝鮮戦争で戦い、もう一方のソ連とも国境をめぐり戦火を交えてきた。その間、インドやベトナムとも紛争を経験しており、「被害者意識」が醸成されてきた。常に外部の敵から攻撃されることを想定して、それにどのように対処するかという点に主眼を置いて作戦を立案しているのが、中国軍の特徴といえる。

中国軍は、平時から戦争にいたるまでの「グレーゾーン」において、中国を取り巻く外部環境が緊迫するにつれ、対抗手段の烈度が徐々に強くなっていく「エスカレーション・ラダー」のモデルをつくっている。

こうした「エスカレーション論」の概念は、米シンクタンク、ハドソン研究所の創設者で核戦略が専門のハーマン・カーンが一九六〇年代に確立したモデルで、国際的な危機で紛争状態の水準が上昇する独自の戦略行動を分析したものだ。カーンは核兵器の使用に着目して、国際的な危機が発生する前の段階から、敵国の人口密集地に対して核兵器を使用する段階までを四十四段階に区切り、危機が高まっていく過程を幅広く想定している。

この「エスカレーション論」や旧ソ連軍の軍事計画を中国軍は参考にして、独自の軍事作

台湾有事における「グレーゾーン」の概念図

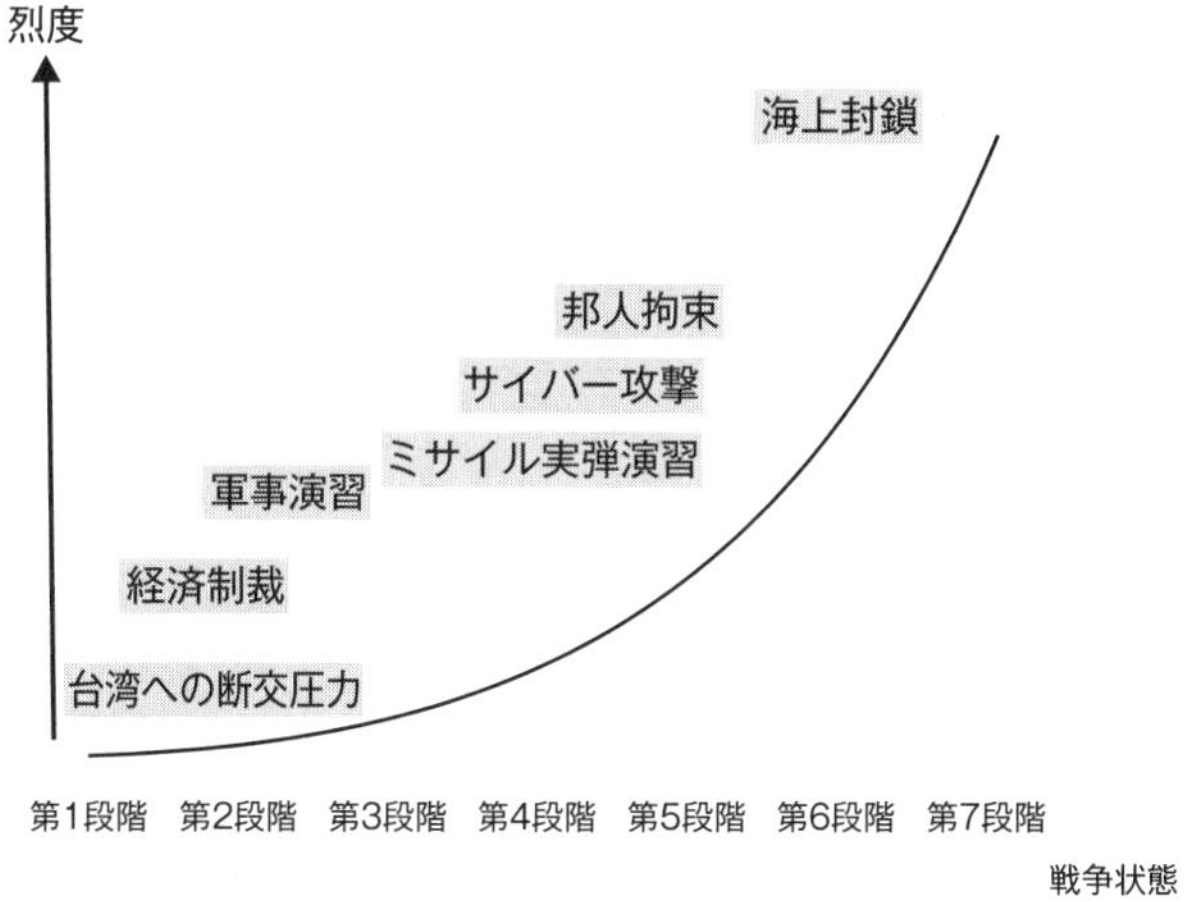

戦を立案していることがうかがえる。

　こうしたモデルを参考に、筆者は台湾有事における「グレーゾーン」の概念図を作ってみた（図表）。いくつかの中国軍の文献では、「グレーゾーン」を七段階で大まかに区切っていることから、今回はそれを採用した。

　一番左側の第一段階の手前、つまりゼロ段階が「完全な平和状態」で、グラフが右にいくほど緊迫度が増していき、第七段階を越えると「戦争状態」に突入する。これに対応する形で、中国側は台湾が国交を結んでいる国々に断交するように圧力をかける外交工作に始まり、経済制裁へと段階を上げていく。

　続いて中国軍の戦闘機や艦艇を派遣する演習を実施し、ミサイル実弾演習へと烈度を上げていく。これに台湾だけではなく、日本などにも範囲を広げてサイバー攻撃を加えていく形で圧力を高める。さらに、中国にいる日本人を拘束して日本政府に台湾有事への介入をしないように揺さぶりをかけるだろう。「チキンゲーム」のように徐々に拘束する邦人の人数を増やして日本側に圧力を強めることもありうる。

着実に「エスカレーション・ラダー」を上がる

これはあくまで概念図に過ぎない。筆者はまた、軍事演習の規模やミサイルの種類などを細かく分類した「エスカレーション・ラダー」を作成した。これと照らし合わせると、中国側が台湾情勢をどう認識しており、どのような対処をしようとしているのかが予測できるようになる。

その一例として、二〇二二年八月二日から始まったナンシー・ペロシ米下院議長の台湾訪問に対する中国による報復措置が挙げられる。筆者はこのモデルを用いて、中国は短距離弾道ミサイル「DF15」もしくは「DF16」を使ったミサイル演習を実施し、さらに台湾上空を越えて東岸沖に一〇発前後撃ち込むことを予測した。

その前日の八月一日、訪台前に東京に立ち寄った米国防総省元高官にこの予測内容を伝えた。実際、その三日後の八月四日、中国軍は一一発の「ＤＦ15」と「ＤＦ16」を発射し、うち福建省から発射された五発のうち四発が台北周辺の上空を通過して、台湾東岸沖に着弾した。

その直後、この元幹部から「どうやって中国軍のミサイル情報を得たのか」と驚きをもって連絡を受けた。残念ながら、筆者はそのような中国軍の機密情報を入手するすべはもっておらず、自らの「エスカレーション・ラダー」で予測したに過ぎない。

こうして中国軍の動向を精緻にみると、このミサイル演習はすでに第三段階の後半から第四段階の序盤にまで到達していることがわかるだろう。その後のアステラス製薬の男性幹部の拘束や頻発するサイバー攻撃などをみると、すでに第四段階に入ったのだ。

この「エスカレーション・ラダー」は、不可逆的に上昇するわけではなく、米中や日中の間で首脳会談が実施されると下降するなど、外部状況に応じて行ったり来たりする。ただ、それでも第三段階から第四段階の間を行き来しており、それよりも段階が下がる可能性はほぼないだろう。今後、台湾周辺をめぐる緊迫度が上がってくると、第五、六段階に一気に上昇することが十分に考えられる。

日本や米国のほとんどの有識者や専門家らは、中国軍による台湾への大規模軍事侵攻を前提にした議論をしている。確かに今の中国軍の能力を考えると、台湾海峡を渡って上陸する能力を十分に備えておらず、米軍と比べても各分野で劣っているのは筆者も認めるところである。しかし、それだけをもってして「台湾有事が起こらない」と判断するのは正確な情勢分析とはいえない。

今求められているのは、中国の台湾併合に向けた戦略を読み解き、どのようなアプローチを考えているかを理解することだろう。そのためには、中国が最重視している「グレーゾーン」を精緻に分析することが不可欠であり、「エスカレーション・ラダー」モデルは中国の「Way of Thinking（思考方法）」を理解するために有用な手段だと筆者は考える。

習近平政権は自らが描いた「台湾統一」に向けた「エスカレーションの階段」を着実に上っている。

台湾有事は「起こるか起こらないか」ではない。すでに始まっているのだ。

習近平が「四六回」使った言葉

習近平の台湾政策の輪郭が最初に浮き彫りになったのは、二〇一九年一月。鄧小平が一九七九年に発表した「台湾同胞に告げる書」の四十周年を記念する、座談会での演説だった。同書は、鄧小平がこれまでの「武力統一」から「平和的統一」への転換を示したもので、「一国二制度」に基づく中台統一の実現を念頭に置いたものだ。

ところが四〇〇〇字余りに及ぶ演説の中で、習近平が座談会の趣旨である「四十周年」に触れたのは冒頭の一回だけだった。代わりに七回も使ったのが「七十年」という言葉だ。

七十年前といえば、一九四九年、毛沢東が「台湾を占領する準備を整えなければならない」と、武力解放の指示を出したときだ。習の演説でも、それをにおわせる言及があった。

「台湾独立は歴史に逆行しており、破滅する。中国人は中国人を攻撃しない。しかし、外部勢力による干渉や独立分子に対しては、武力行使の放棄を約束しない」――習近平／「台湾同胞に告げる書」発表四十周年記念式典（二〇一九年一月）

習は演説の中で「統一」という言葉を四六回使った。前任の胡錦濤が二〇〇八年に行った同様の台湾政策の演説で使った二七回と比べると、ざっと二倍だ。一方、胡が強調して二五回使った中国と台湾との「平和的発展」という言葉については、習近平はわずか七回しか言及しなかった。

胡錦濤は鄧小平の「平和統一」を踏襲したのに対し、習近平はこれを事実上修正し、毛沢東の「武力統一」へ回帰したことがうかがえる。

二〇二七年までの「奮闘目標」とは

実際、この演説をきっかけに、中国の台湾政策は強硬に傾いていく。

習近平は二〇二〇年十月に開かれた中国共産党の重要会議、第一九期中央委員会第五回全体会議（五中全会）での演説で、次のように強調した。

「訓練と戦争への備えを全面的に強化し、国家の主権、安全、発展の利益防衛の戦略能力を高め、二〇二七年までに軍創設百年の奮闘目標を実現する」——習近平／五中全会（二〇二〇年十月）

習はこれまで、二〇三五年や二〇四九年という目標設定に言及してきた。二〇三五年は中程度の先進国となる長期目標、二〇四九年は建国百周年を指す。

一方、二〇二七年とは何なのか。

共産党は、一九二七年に江西省南昌で武装蜂起を指導し、それが人民解放軍の設立となった。それから百周年――というわけだが、これまで聞いたことがなかった目標設定だ。

では、この二〇二七年までの「奮闘目標」とは何を意味するのだろうか。軍制服組トップで中央軍事委員会副主席の許其亮《きょきりょう》が、翌十一月上旬に発行された五中全会の解説書で、次のように説明した。

「受動的な戦争適応から、能動的な戦争立案への（態勢）転換を加速する」

これは、中国軍として積極的に戦争に関与していく方針を示唆している。

近年の中国軍による沖縄県・尖閣諸島や南シナ海における強引とも言える軍事攻勢を見ると、「何を今さら」と思う日本の読者は少なくないだろう。

しかし、中国軍は軍事大国となった今でも、「防御的国防政策」を捨てていない。だからこそ、軍高官の口から「能動的な戦争立案」と明言したことは、大きな方向転換なのだ。

そして、ここで想定する戦争こそが、何を隠そう台湾だ。軍事戦略に詳しい中国軍系シンクタンク研究者が解説する。

「『台湾解放』を念頭に置いた発言です。これまで米国などが呼びかける『平和統一』を我が国が受け入れてきたため、結果として祖国の分裂の状態が長期間続いていた。こうした状況を打破するため、習主席は台湾問題について受け身の姿勢ではなく、積極的に解決に動く姿勢を明確に示しました」

かつて鄧小平は「三通（直接の通信、通商、通航）」を台湾側に呼びかけ、台湾の中国への経済的な依存度を高めることで取り込みを進めた。中国寄りの国民党・馬英九政権は二〇〇八年、この「三通」を全面的に受け入れ、経済的な結びつきが一気に強まった。

しかし、台湾側では中国への警戒感が高まるとともに、民主化が定着したことで、「台湾人」としてのアイデンティティが強まっている。

台湾の国立政治大学選挙研究センターの二〇二三年六月の調査によると、「自分は台湾人」と考えている人が六二・八％だったのに対し、「自分は中国人」と考えている人はわずか二・五％に過ぎなかった。調査が始まった一九九二年時点では「台湾人」は一七・六％にとどまっていたのに対し、「中国人」は二五・五％だった。それが一九九五年度の調査で逆転して以降、「台湾人」は増加傾向、「中国人」は減少傾向にある。

こうした状況に、中国当局は危機感を強めているようだ。

かくして習の新たな台湾政策は二〇二一年、より具体的に示された。同年十一月に開かれた六中全会で、毛沢東と鄧小平の各時代に続く四十年ぶり三回目の「歴史決議」の中で、台湾政策についてこう記している。

「台湾を独立・分裂させる行為や、外部勢力による干渉には断固として反対し、両岸関係における主導権と主動権を固く把握する」――歴史決議（二〇二一年十一月）

「主動権」は日本語ではなじみがないが、中国語で「能動的に主導権を握る」という意味だ。中国が台湾政策について、これまでの受け身の姿勢から転じて、積極的に対処をしていく意思を示した文言である。

こうした台湾政策の強硬化と軌を一にして、習近平は「台湾統一」に向けた積極的な行動に出始める。

共産党大会で「祖国の完全統一」を宣言

二〇二〇年代に入ると中国軍による台湾周辺での活動が活発化し、軍事的緊張はかつてないほどに高まっている。

二〇二〇年四月、空母「遼寧」を含む六隻の中国艦艇が台湾東部と南部で軍事演習を実施した。これに対抗するように、米軍も台湾周辺での活動を強めている。二〇年六月中旬には、台湾東部のフィリピン海に空母「ロナルド・レーガン」を展開させたほか、「セオドア・ルーズベルト」と「ニミッツ」も合同演習を実施。この地域で空母が同時に三隻展開されるのは、朝鮮半島情勢が緊迫した一七年十一月以来のことだ。

日本も無縁ではない。同年六月十八日には、国籍不明の潜水艦が奄美大島沖の接続水域内を潜ったまま西進した。このとき、河野太郎防衛大臣は会見で「中国のものだと推定している」と明かした。自衛隊の探知能力に関わるため、潜水艦の国籍を公表するのは異例のことだ。中国海軍の動きについて自衛隊関係者は「前例がないほど活発になっている」と警戒する。台湾をめぐる東アジア情勢は、すでに臨戦態勢に入ったと言っていい。

　こうした一連の事実を裏付けるように、習近平は二〇二二年十月に開かれた五年に一度の共産党大会での政治報告でこう宣言した。

「台湾問題を解決するのは中国人であり、中国人が決める。台湾の平和的統一に最大限の努力を尽くすが、武力の使用を放棄する約束は絶対にしない。それは、外部勢力や台湾独立勢力に対するものであり、決して大半の台湾同胞に対するものではない。祖国の完全統一は必ず実現せねばならず、必ず実現できる」

　この日の習の演説で、最も長い約三十秒間にわたる大きな拍手が響き渡った。中国共産党にとって、五年に一度の最も重要な大会で「祖国の完全統一」を内外に公約として宣言した意義は決して小さくはない。党内にどのような考えの違いがあったとしても、台湾問題だけは例外である。「祖国の統一」は党の総意であり、習近平政権三期目の最優先課題と位置付けられた。党大会における政治報告での宣言は、五年間の政権公約を意味する。完全なる「一強体制」を築き上げたトップが党大会で宣言した以上、五年以内に達成しなければならないのだ。

その方法として、習近平が「武力の使用」に言及したことも見逃せない。中国共産党が「平和的統一」から強硬姿勢に舵を切っている背景について、前述の中国国防大学教授・上級大佐の劉明福の著書『中国「軍事強国」への夢』で、次のように解説している。

〈米国はある「理論」を世界中にプロパガンダとしてまき散らしている。それは、「中国と台湾は平和的に統一しなければならない。台湾問題は平和的に解決する以外に道はない。武力を行使してはならない」という理論だ。これは一見すると文明的で平和的だ。しかし、この理論は、中国の主権に対する最大の侵犯であり、台湾独立勢力への最大限の擁護にほかならない。台湾独立の世論と勢力を長期間かけて〝平和的〟に醸成し、拡大させることを可能にしてきた理論にほかならない。台湾当局は、米国による「平和的統一」という庇護の下、長期的に中国による武力的統一を阻止し、「平和的分裂」状態を維持してきた。このことは、中国が長期にわたり国家統一を成しえなかった背景でもある〉

つまり、「平和的統一」による現状維持とは、米国による押しつけだというのだ。そしてこうも主張する。

〈米国は70年にもわたって、中国の内政に干渉し、中国の統一を妨害するという悪しき前例を生み出した。これは世界史においても唯一無二の事例と言える。米国によるこの罪深い史実は、習近平新時代において必ずや終わらせることになるだろう〉

劉によれば、台湾問題をどのように解決するか、それを決断するのは米国ではなく中国であり、習近平政権下の中国共産党は自らの意思と方法で併合に向けて動くというのである。しかもその方法として、「平和的統一」を否定し、武力行使も是認しているのだ。

劉明福という人物および彼の考える「台湾併合」のシナリオについては、第2章で詳しく論じることにする。

日本こそ攻略すべき最重要ターゲット

習近平政権が内部で検討しているとみられる「新型統一戦争」を考えるうえで、参考になるのが、ロシアが対ウクライナで展開している「ハイブリッド戦」だ。戦闘機や艦船といった軍事力以外の手段を使う作戦のことだ。軍艦ではない政府の公船による領海侵入や上陸、正規軍ではない武装兵の動員のほか、電力や通信網といったインフラの破壊、サイバー攻撃やフェイクニュースの拡散などで敵国を攪乱《かくらん》し、知らぬ間に優位な状況をつくり出す。報道やSNSも駆使して台湾を混乱させたうえで、台湾の親中派勢力やゲリラを使って占領するやり方だ。

実は、中国のほうがロシアよりもハイブリッド戦には精通している。

古くは孫子の兵法の「戦わずして勝つ」という発想は、ハイブリッド戦そのものと言ってもいいだろう。

ハイブリッド戦の起源となっているのが、中国空軍の大佐二人が一九九九年に出版した『超限戦』という著作である。

これまでの「軍事」と「非軍事」という枠組みを超え、貿易や金融、経済援助など、あらゆる手段で制約なく戦うものとして捉える戦略論を提言している。

こうした考え方をもとに、中国軍は実際に、

- 世論戦：国内外の世論に訴える活動
- 心理戦：相手国の国民の心理を揺さぶる活動

•法律戦：行動の正当性を主張するための法的根拠を整える活動

からなる「三戦」を進めている。

中国にとって有利な情報を流すことで他国との紛争を有利に進める「情報戦」を仕掛けることも顕著になってきている。

そして台湾有事の際、中国がハイブリッド戦の標的にするのは、何も台湾だけではない。日本にも仕掛けてくるのは間違いない。

中国軍にとって、台湾有事における最も重要な戦略目標は、米軍の介入を阻止することである。米軍の拠点となる米軍基地を抱える同盟国・日本を揺さぶって、有事の際に日米離間を図ることは必至だ。日本こそ、台湾を完全統一するために中国が攻略すべき最重要のターゲットといっても過言ではない。

すでにその予兆はある。最近の台湾有事における日本の介入を強く牽制する中国外務省の発言や、中国発とみられる日本語でのＳＮＳ発信の急増ぶりを見ていると、「情報戦」は本格化しており、ネット空間においても「グレーゾーン」状態に入ったともみることができる。

処理水海洋放出が新たな「対日カード」に

台湾有事において最も重要なターゲットである日本に対し、習近平政権はあらゆる機会をとらえて攻勢を強め、揺さぶろうとしている。

たとえば、二〇二三年八月二十四日から始まった福島第一原発処理水の海洋放出に対する中国の異常な反応もその一つである。

中国政府は日本からの水産物の全面輸入禁止に踏み切った。また、中国内では日本に対する批判が高まり、北京の日本大使館や日本人学校に、レンガ片や石などが投げ込まれた。日本の自治体や企業、飲食店などに中国からとみられる迷惑電話が相次いだ。迷惑電話自体が偽計業務妨害であり、営業に影響が出ていれば威力業務妨害罪となる。

こうした犯罪行為は、中国政府が指揮しているのだろうか。

中国の防諜に関わる日本政府関係者は次のような見立てをする。

「警察庁が迷惑電話の発信元を探ったところ、ほぼ中国全土から発信されており、個人の携帯電話からかけられているものがほとんどだった。特定の機関や組織による行為である可能性は低いとみていいだろう」

中国では、インターネットを含めた通信は厳しく監視されている。にもかかわらず、ネット上には日本に迷惑電話をかける方法や、政府機関や店の電話番号などを紹介する書き込みが削除されずに残っている。一方、処理水が「安全だ」「科学的根拠がある」などという書き込みは次々と削除されている。

こうした状況をみると、中国政府、いや習近平自身が主導しているとみて間違いないだろう。

その証左として、習近平が米サンフランシスコ近郊で二〇二三年十一月、岸田文雄首相と会談した際、ほぼ事務方が用意した原稿を棒読みしていた。だが、同行筋によると、処理水の部分については原稿を脇に置いて、強い調子で岸田に対してこう警告した。

「日本による汚染水の問題は国際的な公共利益に関係しており、日本は責任ある建設的な態度で適切に処理すべきだ」

両国政府間の事前の協議では、首脳会談において処理水問題について中国側からはそれほど問題視しないことで調整していたという。だが、習近平はその案を受け入れず、自身の言葉で日本側を批判したのだ。習の処理水に関する思い入れが非常に強いことがうかがえる。

中国では、コロナ禍後も経済の回復が遅れている。不動産大手「中国恒大集団」は経営危機に陥っており、バブル崩壊の様相を帯びている。

就職率にも影響しており、二三年六月の十六〜二十四歳の若者の失業率は過去最高の二一・三％となり、実際は四〇％を超えるという試算もある。若者の失業の増加は、社会不安に直結しかねず、一九八九年の天安門事件のような抗議運動にも発展しかねない。危機感を抱いた中国政府はとうとう失業率の発表自体を一時停止したほどだ。

こうした社会の不満のガス抜きとして習近平政権が目を付けたのが、「処理水の放出」だった。胡錦濤前政権までは、頻繁に「反日デモ」が起きていたが、習政権下では発生しなかった。習が就任後、大規模な反腐敗キャンペーンを展開して、「一強体制」を確立して政権基盤が安定していたことが、その背景にある。

習政権は、これまでの「歴史問題」に取って代わり、処理水を新たな「対日カード」にしようとしたのだ。だからこそ、国を挙げたネガティブキャンペーンを展開し、国民の対日批判を煽っているのだろう。

習がその先に見据えているのが、台湾有事だ。今後、台湾情勢が緊迫してくるにつれ、習近平政権が様々な形で対日圧力を強めていくのは間違いない。

第1章

「台湾統一」は習近平の「宿命」

――衝撃の有事シナリオ

「一国二制度」に「死刑判決」を下した中国政府

アヘン戦争（一八四〇〜四二年）後、イギリスの植民地となった香港は、一九九七年に中国に返還された。返還から五十年間は、資本主義制度など、中国本土とは異なる制度を維持する「一国二制度」が約束され、外交と国防を除く「高度な自治」が認められていた。

ところが二〇一九年以降、中国共産党は「一国二制度」をないがしろにする動きを強めている。一九年四月、香港で捕まった容疑者を中国本土に引き渡すことを可能にする「逃亡犯条例」改正案がきっかけとなり、大規模なデモへと発展した。香港の人々には、二〇四七年まで保障されたはずの「一国二制度」の期限が前倒しされかねないことへの危機感がある。「中国人にはなりたくない」という香港人の生存に関わる闘いだからこそ、一年以上にわたり激しい攻防が続いていた。

さらに二〇二〇年六月三十日、習近平国家主席は、「香港国家安全維持法」を公布した。これにより、中国政府が、香港で国家の分裂や外国勢力と結託したと判断した人物に法執行できるようになった。香港の法律より優先されることも明記されたことで、デモ参加者や民主活動家らが中国の基準で裁かれ、SNSや報道も、中国並みに締め付けられることが決定的となった。

この香港国家安全維持法が公布される一カ月前の五月二十八日、香港の運命は決まったと言っていい。この日に開かれた全国人民代表大会（全人代）では、「香港国家安全法」の制定方針を採択した。これを受けて、香港国家安全維持法がつくられた。

これによって、中国政府は、「一国二制度」に「死刑判決」を下した、と言っていいだろう。

国家安全法の制定方針が採択される六日前、中国政府高官のある発言に注目が集まっていた。二〇二〇年五月二十二日の全人代開幕式における政治活動報告で、首相の李克強《りこつきょう》が次のように言及した。

「我々は『台湾独立』を目論む行動には断固として反対し、分裂を食い止めなければならない。統一を促進して、必ずや民族復興の明るい未来を切り開くことができる」

李は、過去六回の政治活動報告で、台湾との「平和統一」もしくは「平和発展」という言葉を使ってきた。今回初めて「平和」という単語を使わなかったことで、「軍事的解決に舵を切ったのではないか」と臆測を呼んだ。

一方の台湾では、香港デモが激しさを増す中で、「今日の香港、明日の台湾」というフレーズが急速に広まった。「一国二制度」はもともと、鄧小平が八〇年代に台湾を平和統一するために考え出した構想で、後に香港に適用されたものだ。このことからわかるように、中国共産党の目線にはまず香港があり、その直線上に台湾がある。

このことは、中国共産党が香港における「一国二制度」を形骸化したことは、台湾併合においても、「一国二制度」に基づく「平和統一」を断念し、「武力統一」に舵を切ったことを意味するのだ。

こうした習近平政権の強硬姿勢に対して、台湾の人々が危機感を抱くのは当然の帰結といえた。

二〇二〇年一月の総統選では、中国と距離を置く民進党の蔡英文が史上最多得票数で再選を果たした。野党・国民党の対抗馬、韓国瑜《かんこくゆ》に「中国寄り」との疑念が拭えなかったのに対し、「一国二制度」の受け入れを断固拒否した蔡英文の対中強硬政策が支持された形だ。

こうした台湾の強硬姿勢もあり、以後、中国人民解放軍内では「武力統一」を求める声が急速に高まっていった。

筆者は二〇一九年、前出の中国国防大学教授で上級大佐の劉明福にインタビューを行った。劉は習近平の政治スローガン「中国の夢」の理論的支柱であり、習政権の政策決定に深く関わっている軍幹部の一人だ。

まず、「中国の夢」に込めた戦略は何かと尋ねた。

「戦略は三つあります。一つ目が『興国の夢』。建国百周年の二〇四九年までに経済や科学技術などの総合国力で米国を超え、中華民族の偉大な復興を成し遂げる。二つ目が『強軍の夢』。世界最強の米軍を上回る一流の軍隊をつくる。そして最後が、『統一の夢』。国家統一の完成です。中でも台湾問題の解決が、『中国の夢』の重要な戦略目標となります。まずは平和的な統一を試みるが、それを拒むならば軍事行動も辞さない」

劉は武力統一の可能性を強調したうえで、時期についても言及した。

「習主席は『在任中』に台湾問題に積極的に取り組み、国家統一を実現すると確信していま す」

習近平の「宿命」

筆者も劉明福と同じく、習近平が「在任中」に「国家統一」に踏み切る蓋然性が高いと考えている。中国共産党にとって、「台湾統一」は「中華民族の悲願」とされる「核心的利益」だからだ。

実は、習近平個人にとっても、在任中に統一を果たさなければならない事情を抱えている。

国際政治学者などアカデミズムの人たちは、政治家個人の分析を軽視する傾向がある。とくに米国の国際関係の理論を研究している人たちは、個人のファクターを排除しがちだ。しかし、それでは中国共産党の真相には迫れないと筆者は考えている。

中国のような独裁国家においては、トップの人物像を分析しなければ、その国の動向を正しく読み解くことができないからだ。

典型的な例が、ロシアのウクライナ侵攻である。多くのロシア専門家が直前まで「プーチンは合理的な人物だから、リスクを考えてウクライナを武力攻撃することはない」などと分析していた。しかし現実には、ウクライナへの全面的な軍事侵攻に踏み切った。

間違った要因の一つに、アカデミックな国際政治の分野で、プーチンという人物個人に対する分析が足りていなかったことがあると筆者は考える。

これを教訓に、習近平の人物像についても、もっと分析を進める必要がある。

筆者が初めて、習近平と対面で会ったのは、朝日新聞北京特派員をしていた二〇〇七年十月。習が〝二階級特進〟で最高指導部、政治局常務委員に抜擢されたときだった。このとき、習の経歴や人となりについて、複数の党関係者に尋ねた。

「我が党内で随一の台湾問題の専門家だ。福建省で勤務していた際、台湾の『統一戦線工作』に関与していたからだ」

ほぼ全員の答えが一致した。習近平は一九八五年から十七年間、台湾の対岸の福建省で勤務している。習のキャリアで最も長く勤務している地でもある。

「統一戦線工作」とは、国内外で中国共産党に敵対する人々を攻撃したり取り込んだりすることで、賛同者や協力者を増やしていく伝統的なやり方だ。一連の工作は、共産党中央統一戦線工作部が担っている。同部は日中戦争中の一九四二年に発足し、周恩来がトップを務めた。習近平がトップになってから、予算と人員を増やしており、対外工作の主要な役割を担っている。

この証言を聞いた筆者はすぐに福建省に飛んで、当時の習の同僚や部下らに話を聞いた。

「ほぼ毎日、昼間はゴルフ三昧で、夜は宴会を梯子して白酒やブランデーを飲み干していました」

一〇人余りに尋ねたが一向に仕事の話が出てこない。ますます謎を深めて異なる人脈を当たったところ、実は習近平は当時、台湾のビジネスマン、退役軍人と接触していたことがわかった。すなわち習近平は、中国共産党による台湾統一の最前線で統一戦線工作をしていたのだ。

統一戦線工作部の元幹部によると、福建省政府内には、「台湾事務弁公室」があり、ここが台湾への統一戦線工作の拠点となっている。長年にわたり、習近平はこうした工作に携わっていたことで、台湾に関する知識や人々の考え方などを吸収したようだ。福建省での経験を通じて、台湾人の考え方や行動原理に最も精通した人間の一人になったといっていいだろう。

この分析を裏付けるように、習は台湾の要人らと面会するたびに、こう振り返るという。

「福建時代、ほぼ毎日台湾に関わり、福建を離れた後も台湾情勢に関心を寄せてきた」

台湾問題への思い入れは人一倍強いことがうかがえる。これは党内でも共通認識となっており、「習主席が台湾統一をできなければ永遠に実現できない」と語る中国共産党幹部もいるほどだ。

さらに、習近平にとって「台湾統一」が「宿命」である最大の理由がある。

二〇一八年三月の憲法改正だ。習はそれまで「二期十年」だった国家主席の任期を撤廃に踏み切った。

この任期は一九八二年の憲法改正時、当時、最高指導者だった鄧小平によって設けられた。一九六六年から十一年余り続いた文化大革命などを引き起こした毛沢東による独裁の反省から、集団指導体制に移行しなければならない、という鄧の判断があった。

ちなみに、このとき鄧小平から憲法改正の指示を受けたのが、習近平の父、習仲勲《しゅうちゅうくん》だった。習仲勲は毛沢東と共に日中戦争や国共内戦を戦って副首相などを務めたが、文化大革命で失脚し、十六年間軟禁生活を送ってきた。文化大革命の最大の被害者だった習仲勲に憲法改正の白羽の矢を立てたのは、必然だったのだろう。

いまだに共産党幹部の中には文化大革命の被害者が少なくなく、再び独裁に回帰しかねない国家主席の任期撤廃には強い不満が噴出した。しかも、人望が厚く党内でも人気が高かった習仲勲の功績を、その息子が破壊することへの抵抗感もあった。

当時の経緯を知る中国政府高官経験者を親族に持つ党関係者が語る。

「党内の反発を押し切るため、習近平氏は『私こそが党内で最も台湾問題に精通しており、私の手で台湾問題を解決して祖国統一を実現することを約束する。ただ、そのためには二期十年では足りない』と説得した。習氏は約束した以上、三期目が終わるまでには、何が何でも統一を実現しなければならないのだ」

つまり、習は任期撤廃の交換条件として、総書記としての三期目が終わる二〇二七年までに「台湾統一」することを党内で約束したのだ。

ならば、もし統一を実現できなかったら習はどうなるのか。この質問を二人の共産党関係者にぶつけると、共に同じ文言を使って即答した。

「ただの白痴だ」

習近平は共産党や軍内から、大きな期待を集めると同時に、強いプレッシャーも受けているのだ。失敗が許されない、いわば宿命を背負っていると言ったほうがいいかもしれない。

「一強体制」というリスク

二〇二二年十月に開かれた第二〇回中国共産党大会では、三期目の習近平政権の最高指導部である政治局常務委員が選出された。

トップである総書記の習近平を筆頭に、李強《りきょう》、趙楽際《ちょうらくさい》、王滬寧《おうこねい》、蔡奇《さいき》、丁薛祥《ていせつしょう》、李希《りき》の七人だった。

この新指導部の顔ぶれからわかるのは、「毛沢東以上の一強体制」が完成した、ということである。毛沢東は絶大な権力を持っていたのは言うまでもない。なんといっても中華人民共和国を建国したという「正統性」は不動のものだ。一方、劉少奇《りゅうしょうき》や林彪《りんぴょう》、周恩来ら実力と権限を持った部下がそろっていた。

毛と比べて習近平自身の実力やカリスマ性のほか、実績も比較にならないのは言うまでもない。ただ、六人の常務委員の顔ぶれを見ると、権限や実力、実績では圧倒的に習より劣っており、習のライバルになりうる人物も見当たらない。いずれも習本人が面接して選出した「子分」ばかりだ。これまで、人事や重要政策に影響力を持っていた引退幹部らもほとんどいなくなった。

相対的には、習の権限は突出しており、毛沢東時代でさえこれほど偏った権力の独占状態は実現しなかった。揺るがない「一強独裁体制」を習が固めたといっていいだろう。

こうして、習近平に苦言を呈したりブレーキ役になったりする者は、常務委員会からいなくなった。習近平が台湾統一のために武力を使うと決めれば、そのまま中国は戦争に突入していくことになる。

その下の政治局の人事でも異例の事態が起こっていた。党大会の前には中央委員会の候補委員ですらなかった何衛東《かえいとう》という軍人が、中央候補委員と中央委員を飛び越えて、いきなり政治局員となったうえ、軍制服組トップである中央軍事委員会の副主席二人のうちの一人にも抜擢されたのだ。

何衛東は党大会直前の二二年九月まで、約三年間にわたり、台湾を所管する中国軍東部戦区の司令官を務めていた人物である。

何衛東が中央軍事委員会の副主席に昇格すると事前に予想できた専門家は、筆者を含めて皆無だっただろう。何衛東は二〇二二年八月、ナンシー・ペロシ米下院議長（当時）の訪台後に実施された「台湾封鎖」演習を指揮したことで注目された。この演習が評価されて抜擢されたのだ。このことからも、習近平は「台湾統一」に向けて、着々と布陣していることがわかる。

また、もう一人の中央軍事委員会副主席である張又侠《ちょうゆうきょう》も政治局委員に残っている。党大会の時点ですでに七十二歳だったので、異例の残留といっていい。

張又侠の父親も軍人で、習近平の父・習仲勳とともに国民党との内戦を戦っており、張又侠自身も一九七九年の中越戦争で実戦を経験している。

習近平政権になってから抜擢された軍幹部をみると、中越戦争に参戦した人物が少なくない。中越戦争は中国がベトナム軍に敗退したものの、中国軍が実際に戦った最後の戦争であり、習近平が実戦経験を重視していることがうかがえる。

　東部戦区で台湾と対峙してきた何衛東と実戦経験のある張又俠が中国軍の「二枚看板」となった。「台湾統一」を念頭に置いた布陣そのものといえる。

習近平が語る「百年に一度の大変革」の真意

　一方、台湾の状況はどうだろうか。筆者は二〇二三年十月、台湾の当局者や研究者らと意見交換を行い、対中政策のほか三カ月後に迫った総統選の情勢を探るため、半年ぶりに台湾に出張した。

　十月十日には、台北市の総統府前で、台湾が「建国記念日」と位置付ける「双十節」の式典が開かれた。

「平和が台湾海峡両岸の唯一の選択肢だ。現状維持をそれぞれの最大公約数にすることが、平和を確実に保つカギになる」

蔡英文総統はこう力強く訴え、中国との平和的な解決を求めた。

しかし、三期目に入った習近平政権は軍事力を使った「台湾併合」に舵を切っている。

習近平の「戦略ブレーン」ともいうべき劉明福の説明からも、一部の有識者らによる「多くの台湾の人々は現状維持を望んでいるので有事は起きない」という主張に根拠が乏しいことがわかるだろう。

筆者が台湾出張前に訪れていたワシントンで意見交換をした米政府当局者らも、習政権の三期目が事実上終わる二〇二七年までに、「台湾をめぐり危機が起きかねない」という認識でほぼ一致していた。

こうした危機感は、米国の同盟国である日本にも共有されつつあるようだ。

木原稔防衛相は二〇二三年十月四日、ロイド・オースティン国防長官と米ワシントンで会談し、日本政府が導入する米国製巡航ミサイル「トマホーク」の導入時期を、二六年度から一年前倒しして、二五年度とする方針で一致した。

さらに、木原は十月十日の記者会見で、二六年度の配備開始を目指している国産の長射程ミサイルについて、全種類で時期を前倒しできないかどうか、防衛省内で検討したことも明らかにした。

中国は、日本を射程に収める地上発射型の中距離ミサイルを一二五〇発以上保有しているとみられる。一方、米国はロシアと締結していた中距離核戦力（ＩＮＦ）全廃条約に基づき、射程五〇〇～五五〇〇キロの地上発射型中距離ミサイルを持っていない。一連の動きは、いずれも台湾有事が二七年までに起こることを念頭に、中国と日米間の「ミサイルギャップ」を埋めるための措置といえる。

二〇二二年二月に起きたロシアによるウクライナ侵攻は長期化しており、二〇二三年十月七日にはパレスチナ自治区ガザを実効支配するイスラム原理主義組織ハマスが、イスラエルに大規模軍事攻撃を始めた。

こうした国際秩序は、習近平が言うように「百年に一度の大変革期」に入ったと言っていいだろう。この言葉は習が二〇一七年末の会議で初めて言及し、今では中国共産党全体のスローガンとして使われるようになった。世界情勢の急激な変化に対する中国政府の不安感や焦燥感がにじむ表現といえる。一方で、習がこの言葉を使う際、必ず付け加えるフレーズがあることも忘れてはならない。

「危機をチャンスに変えるために、戦略的で主体的な行動をしなければならない」

つまり国際情勢が混沌としている今こそ、中国がうまく仕掛けて利益を得るようにしなければならない、という意味が込められている。

ロシア・ウクライナとイスラエル・ハマスの二つの戦争が泥沼化すれば、世界秩序はさらに混乱するのは避けられない。そうなると、二正面の戦争を支えている米国がより疲弊し、東アジアにおける影響力も低下しかねない。

こうして「パワーの空白」が生まれると、習近平の野心を誘発しかねない。その矛先こそが、台湾なのだ。

台湾有事への危機感が薄い日本の専門家

日本の国際政治学者や評論家はいまだに、台湾有事が起こる可能性について否定的な論調が支配的といえる。その根拠として挙げるのは、①海外との貿易や投資に影響が及んで経済成長にダメージとなりうる、②台湾侵攻に失敗するリスクがある、③友好国のロシアがウクライナ侵攻に苦戦している、という三点に集約されるだろう。

確かに中国にとって経済成長は重要である。共産党は中国の「核心的利益」として、「国家主権」「国家の安全」「領土保全」「国家統一」「社会の安定」等とともに、「経済の持続的

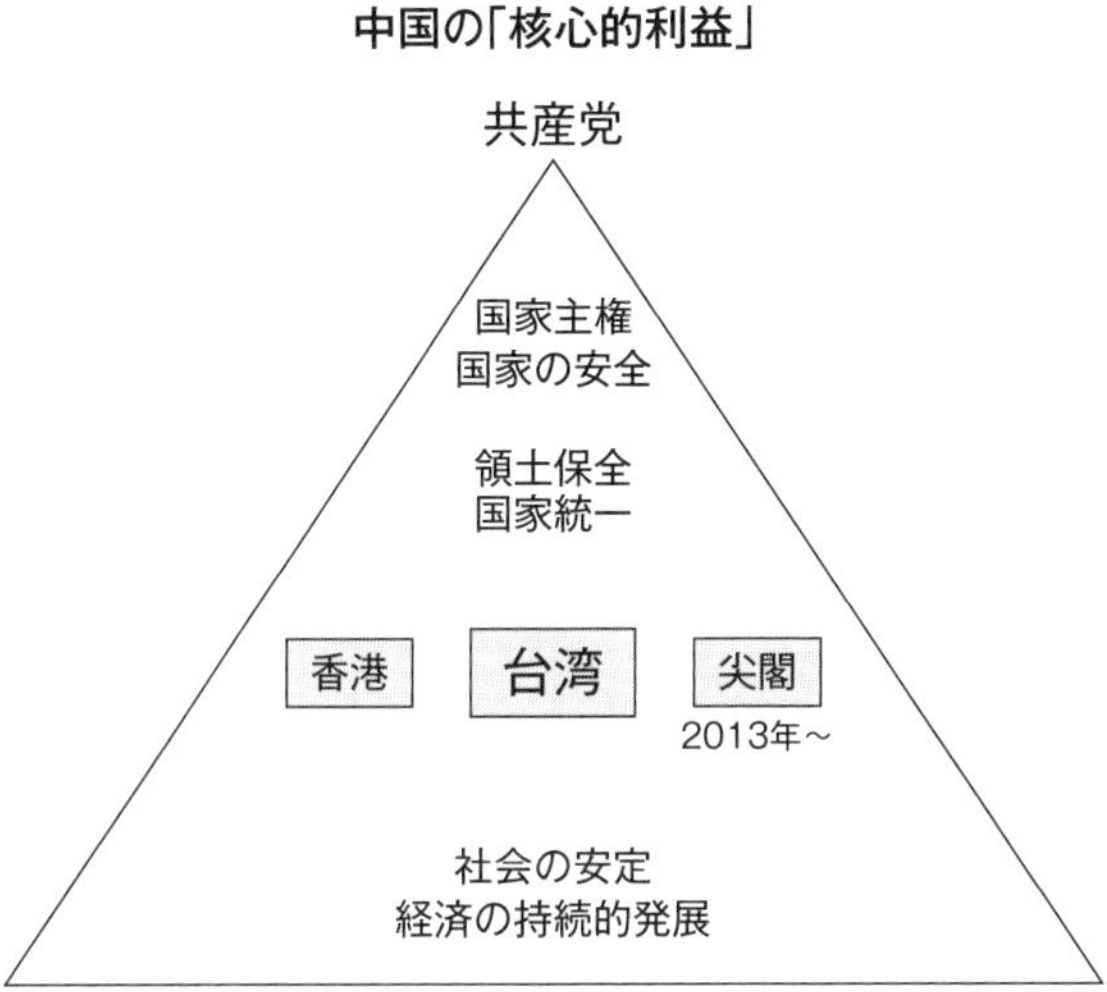

発展」を掲げている。

ここでいう中国の核心的利益とは、どんな犠牲を払ってでも守らなければならない国益という意味である。しかし、「経済の持続的発展」は「国家統一」と比べ、優先度ははるかに低いことがおわかりいただけるだろう（図参照）。

次の台湾侵攻に失敗するリスクについても検討したい。確かに中国が台湾侵攻に失敗すれば、国内の強い不満にさらされ、権力基盤が揺らぐことは避けられないだろう。

ただ、同時に習近平が「何もしない」リスクも考えるべきだと筆者は考えている。先述の通り、習は党内の猛烈な反発を押し切って任期を延長した。にもかかわらず、「国家統一に着手しない」ことが、果たして共産党内で許されるだろうか。

また三点目に関しては、ロシアは陸続きのウクライナ侵攻にさえ苦戦しているのだから、習近平は海を挟んだ台湾への侵攻を諦めるだろうという意見を耳にすることがある。しかし、台湾海峡は何千年も前から存在しており、ウクライナ戦争とは全然関係のないファクターである。

むしろ、習近平は反対の発想をしているだろう。ウクライナがこれだけの持久戦に耐えているのは、西側に陸続きの友好国、ポーランドがあるからだ。この国境から武器や食料が安定的に入ってきている。一方、孤島の台湾を封鎖することははるかに簡単であり、習もその違いに着目していることだろう。

結局、習近平にとっての最大のリスクは「国家統一しないこと」、言い換えれば「何もしないこと」であると筆者は考えている。

習近平はライフワークとして十五年以上、台湾統一の実務に携わってきた共産党随一の台湾専門家である。その習近平が中国のトップに立ち、二〇一八年の憲法改正で国家主席の任期を撤廃し、党内で「国家統一」を約束した。いわば、自ら台湾問題の「解決」を「宿命」付けたといっていいだろう。

「第三の正統性」を打ち立てる必要性

さらに習近平にとっての台湾問題の重要性を考えるうえで、今の中国共産党が直面している問題を考える必要がある。

中国共産党の統治の「正統性」の問題である。

筆者が二十年近くにわたって中国の共産党や政府の当局者らと議論を重ね、「なぜ我々が十四億の民を支配しているのか」ということを自問自答しているということに気づいた。多くの日本の読者は、中国共産党は強権的に支配していると思っているかもしれない。だが、これは一面的な見方に過ぎない。

日本などの民主主義国家の場合、選挙で当選して国民の負託を得ることこそが、統治のための最も説得力のある「正統性」となる。

だが、日本や米国のような選挙を通じて国民から選ばれていない中国共産党は常に、国民に対して統治の「正統性」を説明していく必要があるのだ。だからこそ、大量の人員やＡＩを使ってネット世論を厳しく監視して、政府批判につながる投稿を削除したり、政策を称賛する「サクラ」の書き込みをしたりしている。こうした厳しい監視は、統治の自信のなさの裏返しといってもいいだろう。

では、これまで中国共産党はどのような「正統性」を訴えてきたのだろうか。

第一の「正統性」は、毛沢東率いる中国共産党が、日本軍を打ち破ったうえ、第二次大戦後、蔣介石率いる国民党との内戦に勝ち、一九四九年に中華人民共和国を樹立したことだ。

毛沢東の死去後、権力を引き継いだ鄧小平は、改革開放政策を始めた。毛沢東時代の文化大革命などがもたらした経済の混乱を立て直すため、積極的に外資を導入して国有企業が独占していた事業の民間企業への開放を進めた。こうして生まれた経済成長の「果実」を国民にも分け与えることによって、第二の「正統性」を確立することができた。

そして今、その経済成長が鈍化している。急速に進む少子高齢化に加え、新型コロナにおける過度なロックダウン（都市封鎖）などの影響で成長率は落ち込んでおり、成長の「果実」の分配が難しくなっている。第三の「正統性」を打ち立てることが、習近平政権に求められているのだ。

習近平政権は二〇一二年に発足して以降、苛烈な「反腐敗キャンペーン」を展開し、自らの政敵らを駆逐してきた。だが、それ以外の政策は不発に終わっている。巨大経済圏構想

「一帯一路」は思うように進んでおらず、格差を是正しようと掲げた「共同富裕」によって経済の停滞をもたらしている。攻撃的な「戦狼外交」を代表とする対外強硬政策によって、米国をはじめとする関係は悪化の一途をたどっている。二期十年で目覚ましい業績を上げられぬまま、二〇二三年三月に三期目に突入した。

こうした「内憂外患」ともいえる状況について、習近平はしばしば「新たな長征」と表現している。「長征」は、毛沢東率いる共産党が首都を構えていた江西省瑞金を蔣介石の国民党側の攻撃を受けたことで、一九三四年十月に放棄、約二年間かけて各地で転戦しながら、陝西《せんせい》省の延安まで約一万二〇〇〇キロを移動したことをいう。この間、形勢不利の状況下で持久戦に舵を切り、最後は国民党に打ち勝つことができた。

その苦難の歴史は、共産党の支配に正統性を与える成功体験として今でも中国内で語り継がれる。

その「長征」が始まった江西省于都《うと》を習近平は二〇一九年五月に訪れ、出発地にある記念碑に花輪をささげ、何度も頭を下げながらこう強調した。

「我々は新たな長征の途上にある。国内外の重大なリスクと挑戦に打ち勝ち、中国の特色ある社会主義の新たな勝利を奪取しなければならない」

習は「長征」の原点で、共産党の統治を改めて守っていくことを誓ったのだ。米国をはじめとする同盟国による対中輸出規制や少子高齢化により経済状況は悪化しているが、にもかかわらず、習は国民に新たな「持久戦」を求めた。

では、国民に我慢を強いる新たな「長征」のゴールとは何か。

それこそが「台湾統一」なのだ。

「台湾統一」に反対をする中国人は皆無といえ、そのためにはどのような犠牲を払うことも厭わない。このことは、習近平政権の政治スローガン「中国の夢」の実現であり、「第三の正統性」を打ち立てることにもなる。

話を「長征」に戻そう。毛沢東は「長征」を経て、蔣介石率いる国民党を打ち破った。敗れた蔣介石らは台湾に渡った。これにより共産党は中国大陸の「解放」を実現したものの、台湾の「解放」は未完のままだった。このため、毛沢東は何度も台湾侵攻をしようと、ソ連に支援を求めたものの、スターリンが同意しなかった。

毛沢東は一九五〇年六月二十一日、中国軍の司令員に台湾占有に向けた準備をするよう電報を打ったが、その四日後に金日成率いる北朝鮮が韓国に侵攻して朝鮮戦争が勃発した。米国を中心とする国連軍の反撃を受け、スターリンの要請によって毛沢東は人民義勇軍として前線に約二〇万人の兵力を投入した。その犠牲は甚大で、中国軍の兵力は削がれることとなった。その後、毛沢東は「台湾武力解放」を掲げ、一九五四年、五八年と相次いで台湾侵攻を試みたが、失敗に終わっている。

まさに「台湾統一」こそ、毛沢東が果たせなかった「夢」である。それを実現すれば、習近平は毛沢東を超えることになる。中華民族の英雄として、歴史にその名を刻むだろう。

こうしてみると、「台湾統一」とは、習近平にとって「ワイルドカード」なのだ。これを実現すれば、終身制に道を開くことにもつながる。

「長征」のゴールが国民党打倒ならば、習近平が目指す「新たな長征」の目標も国民党の系譜を継ぐ台湾の併合なのだ。

では、習近平はいつ行動を起こすだろうか。

筆者が習近平なら、その「ワイルドカード」を得るために、今すぐにでも台湾併合に動く。第4章で改めて論じるが、有事のキーを握る日本は台湾有事に対して、ほとんど準備ができていないからだ。ようやく二〇二七年までに防衛費を国内総生産（GDP）の二％に引き上げることを決めたものの、まだ緒に就いたばかりだ。米国も台湾有事を見据えて急ピッチで準備を進めているが、地上発射型の中距離弾道ミサイルの開発を進めている段階で、中国側が優位の情勢といっていい。

これが五年後であれば、話は違ってくる。日米共に台湾有事への備えが進むだろう。だからこそ、「すぐにも侵攻したほうがいい」と習近平が判断しても不思議はない。合理的に考えれば、そうなるだろう。

米軍内で高まる危機感

こうした習近平政権の動きを受け、米国での台湾有事に対する危機感も急速に高まっている。

その嚆矢となったのが、二〇二一年三月、インド太平洋軍司令官だったフィリップ・デービッドソン海軍大将が上院軍事委員会の公聴会で行った証言である。

「彼ら（中国）は、ルールにのっとった国際秩序における米国のリーダーとしての役割に、取って代わろうという野心を強めている、と私は憂慮している。二〇五〇年までに起こるだろう。そして台湾は、それ以前に実現させたい野望の一つであることは間違いない。その脅威はむこう十年、いや実際には今後六年で明らかになると思う」

中国を含めた西太平洋を管轄する米軍トップ経験者が、「今後六年」つまり「二〇二七年危機説」を初めて公言したのだ。ワシントンでは「デービッドソン・コール」と呼ばれ、台湾有事への危機感が一気に高まった。日本でもシンクタンクの政策シミュレーションや専門家のシナリオについて、二〇二七年を想定したものが広まった。また、一部の有識者からは「軍の予算目的で証言している」といった批判が出た。だが、インド太平洋軍でデービッドソンと共に働いた米国防総省幹部は、こうした見方を否定する。

「デービッドソン提督は証言時にはすでに退任しており、予算目的で証言したわけではない。中国軍の動向やインテリジェンスなどの総合的な判断に基づいて警鐘を鳴らしたのだ。ただ、多くの人が『二〇二七年に危機が起こる』と誤解しているが、正確には提督は『今後六年以内（in the next six years）』と言及している点がポイントだ」

デービッドソンは、「二〇二七年までに」、つまり習近平政権三期目の間に台湾有事が起こる可能性を指摘したのだ。確かに二〇二七年秋には五年に一度の中国共産党大会が開かれる予定だ。リスクを伴う台湾併合に動くには、それよりも前に行動を起こす必要があるだろう。

これを裏付けるような米軍幹部が記した内部メモが、二〇二三年一月に明るみに出た。

「私が間違っていることを望む。二〇二五年に（米国と中国が）戦う予感がする。習近平国家主席は二〇二二年十月、三期目を確実なものにした。二四年には台湾総統選がある。また米国も大統領選があって、（内政に）気を取られる。習の任期、動機、有利な条件といったすべてが合致するのが二五年だからだ」

米空軍で輸送や給油を担当するマイク・ミニハン航空機動司令官（空軍大将）が部下らに送ったとされるメモがSNS上で拡散した。二月一日付で「次の戦争への準備に関する命令」と件名が記されている。二五年にも台湾有事が起こることを想定して部隊に準備を急ぐように指示している。

ミニハンは一九年九月〜二一年八月に、インド太平洋軍の副司令官を務めており、中国軍の動向に最も詳しい米軍高官の一人だ。ミニハンが率いる輸送機や給油機は最初に戦場に送り込まれ、犠牲になる可能性が高い。その部隊に対する指示も具体的かつ緊迫感のある内容だった。

「『第一列島線』の内側で戦って勝てる統合部隊が必要だ。（二三年）二月末までに中国との戦争に備えた主な取り組みを報告し、緊急連絡先を更新するように」

「第一列島線」とは、九州から沖縄、台湾を通る防衛ラインだ。メモには、有事の際に米軍

高まる米軍の台湾有事への危機感

	時期	発言者	内容
1	2021年3月	フィリップ・デービッドソン前米インド太平洋軍司令官	「台湾は野望の一つであり、**今後6年以内**に脅威が顕在化する」
2	2022年10月	マイク・ギルデイ米海軍作戦部長	「2027年ではなく、私の中では**22年、あるいは23年**の可能性もあると思っている。過去20年間を見ると、中国は目標よりも早く実行に移してきた」
3	2022年10月	アントニー・ブリンケン国務長官	「中国が以前の予想よりもはるかに早いスケジュールで台湾統一を目指している」
4	2023年1月	マイク・ミニハン米空軍大将	「私の直感では、**2025年**に戦うことになると思う。大統領選で気の抜けた米国を中国の習近平に見せることになるためだ」
5	2023年2月	ハリー・ハリス前インド太平洋軍司令官	「インド太平洋軍の私の後任者は、中国が台湾を6年以内、つまり**2027年**までに侵攻する可能性があると21年に議会で証言していた。我々はデービッドソン氏の警告を自らの責任で無視している」
6	2023年3月	ビル・バーンズCIA長官	「台湾に関する習近平主席の野心を過小評価してはいけない。習近平が中国軍に、**2027年**までに侵攻を成功させるための準備をするよう指示したことを把握している」

出所：筆者作成

が参戦して東シナ海一帯で中国と交戦することが明記されており、米政府の公式見解である「曖昧戦略」よりも踏み込んでいることがわかる。

公開することを想定した文書や証言ではなく、部隊への指示が目的で作成されたものだけに説得力がある。

このメモの真偽について筆者が米国防総省当局者に尋ねたところ、このメモが本物であることを認めたうえで、「国防総省を代表する見解ではない」とも付け加えた。

ミニハンのメモについて、米下院外交委員会のマイク・マコール委員長は二三年一月末の米テレビ番組でこう指摘した。

「間違っていることを願うが、彼は正しいと思う。中国は台湾に軍事侵攻を考えるだろうし、我々はそれに備えねばならない」

筆者も数年前からミニハンと同じ見方をしてきた。『文藝春秋』二〇二〇年八月号に「習近平の『台湾併合』極秘シナリオ――日本は確実に巻き込まれる」と題する記事を寄稿し、中国軍が台湾に侵攻するシナリオや、日本を取り巻く安全保障環境の危うさについての警告を発した。そのシナリオの時代設定こそが、「選挙イヤー」である二〇二四年だった。

習近平の「台湾併合」極秘シナリオ

では二〇二〇年の段階で、筆者は具体的にどのようなシナリオを描いていたのだろうか。以下に同記事より、習近平政権の「台湾侵攻シナリオ」および「Xデー」に関わる部分を再録しておこう（〔　〕内は現時点からの補足）。

「Xデー」が刻一刻と迫る中、はたしてどんな作戦で台湾に侵攻するのか――実は、これについて中国軍は一九九〇年代から複数の詳細な「シナリオ」を内部で作っている。そこには、戦略が克明に記されており、習近平が国家主席に就任してからも、国際情勢に応じてアップデートが繰り返されてきた。

今回は、複数の内部資料に加え、筆者が参加した米国や日本政府、研究機関などが主催した「ウォーゲーム（作戦演習）」で得た知見を元に、そのシナリオを再現したい。

内部資料には、実行に移される時期は明記されていないが、筆者は上陸作戦が行われるのは十月とみている。この時期は台風が少なく、台湾海峡の波も穏やかで、上陸作戦をはじめとした軍事行動を起こすには最適だからだ。逆算すると、習近平はその五カ月前から動き出す。

日本近海にミサイルが

五月二十五日、習近平は最高会議の政治局常務委員会でこう宣言する。

「台湾独立分子に対し、断固とした軍事的措置をとる」

同日、中国軍は空母「遼寧」と「山東」を主力とした艦隊を台湾東岸に送り、実弾射撃演習を実施。その翌日には、最新鋭爆撃機「轟《ごう》20」が中台間の事実上の停戦ラインである台湾海峡の「中間線」を越えて台湾側空域に入る。

これが中国による狼煙《のろし》だった。

中国軍の創設記念日である八月一日を目前にした七月三十日、台湾海峡と東シナ海一帯で、史上最大規模の軍事演習を実施。航行する空母を追いかけて撃破することから、「空母キラー」の異名を取る対艦弾道ミサイル「東風21D」二発を台湾東側に試射する。

その矛先は日米にも向く。米領グアムを射程に収めることから「グアムキラー」と呼ばれる最新鋭の中距離弾道ミサイル「東風26」四発をグアム沖の公海に向けて発射。ほぼ同時刻に東風26が房総半島沖の日本の接続水域にも着弾する。そして、中国軍の制服組トップ、軍事委員会副主席はすぐさま次の声明を出す。

「台湾の独立を支援する勢力およびその同盟国には懲罰を加える」

中国軍の戦略に詳しい米シンクタンク「戦略予算評価センター」上級研究員のトシ・ヨシハラ（元米海軍大学教授）はこう分析する。

「日本近海に中国軍のミサイルが撃ち込まれたのに、米軍が全面戦争を恐れて中国に報復攻撃をしなければ日米同盟は完全に破綻する。ミサイルの威嚇発射は日米を揺さぶるには効果的な作戦だ」

こうした作戦を裏付ける内部文書がある。「第二砲兵戦役学」だ。ミサイル部隊であるロケット軍の前身、第二砲兵が隊員向けの教材として二〇〇四年に作ったもので、このミサイル戦略は現在も踏襲されている。

〈台湾に侵攻した際、強力な敵国は我が国周辺の同盟国の基地や空母艦隊を使って様々な軍事介入をしてくるだろう。空母艦隊と同じく同盟国にある敵国の基地に対して威嚇攻撃するのに通常型ミサイルは有用だ〉

名指しこそしていないが、「強力な敵国」が米国で、「同盟国」が日本であることは明らかだ。つまり、在日米軍や自衛隊の基地も先制攻撃の対象とされているのだ。

八月一日、北京の人民大会堂で開かれた軍創設記念大会に出席した習近平は重要講話を発表する。

「台湾独立分子と外部の干渉勢力との闘争に突入した。我が軍の核戦力の使用基準の見直しを宣言する」

中国は一九六四年に実施した初の核実験以来、「いかなる時もいかなる場合でも核兵器を先制使用せず、非核保有国・地域には核兵器を使わない」という「先制不使用」の原則を守ってきた。この習の宣言は、核を持たない日本や台湾にも核攻撃を辞さないという「宣戦布告」といえる。

第一段階はサイバー攻撃

前出の「第二砲兵戦役学」には、開戦に至るまでの具体的な手順も明記されている。

〈①メディアを通じて中国の核ミサイル能力を誇示
②核ミサイルの発射準備
③他国の偵察衛星が把握できるような通常型ミサイル演習の実施
④通常型ミサイルの威嚇発射
⑤敵国の艦艇、本土、領海近くへの通常型ミサイルテストの実施
⑥中国軍指導者が核兵器使用の基準を引き下げることを宣言する〉

日米への「牽制」と「核兵器使用宣言」を経て、いよいよ台湾への本格的な攻撃を開始させる。

第一段階がサイバー攻撃だ。九月二十日、台湾内の全てのＡＴＭが使用不能になる。二日

後には、主要な発電所や送電施設が停止し、台湾全域で大規模停電（ブラックアウト）が発生。交通網は麻痺し、物流も止まり、市民はパニック状態に陥る。

中台の安全保障が専門の米シンクタンク「プロジェクト２０４９研究所」研究員、イアン・イーストンは、筆者の取材にこう語る。

「中国軍は、台湾住民の戦意喪失を狙って、発電所などの重要インフラをサイバー攻撃で破壊する作戦を立てている。台湾に戦闘準備ができていても、電力や通信が使えなければ侵攻を阻止できるか疑問だ」

突如、米空母が撤退

九月二十五日、台湾軍に衝撃が走る。台湾支援のために南部の高雄に寄港していた米軍の空母「ニミッツ」艦隊が、突如、グアムに撤退してしまうのだ。ほぼ同じタイミングで、米軍横須賀基地に配備されている空母「ロナルド・レーガン」もハワイに退去する。

米空母の撤退はこのシナリオにおける最大のポイントである。

ここで思い返されるのは、一九九六年の台湾海峡危機だ。この年、台湾初の直接選挙による総統選に中国と距離を置く李登輝が立候補した。中国軍は台湾近海にミサイルを発射することで、李の支持率を下げようとしたが、米軍が即座に二隻の空母を台湾近海に派遣。結果、李の当選を許した。中国海軍元幹部はこのときを振り返り、「米空母の実力を思い知らされた」と悔しがる。

この屈辱を晴らすために、中国軍が進めてきたのが、「A2／AD」（接近阻止・領域拒否）だ。これは有事の際、米空母艦隊を中国近海に近づかせないようにする戦略である。

その柱となるのが中国軍のミサイルだ。その能力は、この三十年で質量ともに飛躍的に増強され、米軍を脅かすまでに成長した。台湾海峡危機の際、中国軍の短距離ミサイルは一〇〇発以下だったが、二〇一七年には日本全土を射程に収める中距離弾道ミサイルを一〇〇〇発以上持つようになった。先述した「空母キラー」東風21Dもすでに実戦配備している。約六〇キロで航行する空母を追うように軌道を変えることができる。目標に到達すると多数の子弾をばらまき、被害が広範囲に及ぶよう設計されている。「動く街」と言われ、五〇〇〇人以上の乗組員を乗せる米空母にとって日本はおろか、グアムですら安全圏ではないのだ。

前出の劉明福はこう強調する。

「米国は中国との全面戦争につながる軍事介入をする可能性は低いでしょう。しかも中国が武力統一に踏み切る時には、米国による軍事介入を打ち負かす能力を備えています」

米空母の撤退を機に、中国軍の優位は決定的なものとなる。空母「遼寧」「山東」を中心とする艦隊が、台湾周辺の海上封鎖をする。これに対抗するため台湾軍の駆逐艦とフリゲート艦が北部の基隆港から出港した矢先に爆発、沈没する。中国軍が仕掛けた機雷が炸裂したのだ。

中国の国慶節にあたる十月一日未明、沿岸部から発射された巡航ミサイルが台湾最大の桃園空港をはじめとする主要空港を次々と破壊。駐機された戦闘機や滑走路に大きな被害が出る。電波や赤外線による電磁波攻撃を受け、台湾軍のレーダーや通信機能が使用不能に陥り、ミサイルを探知・迎撃できなかったためだ。

翌二日、中国空軍の最新鋭ステルス戦闘機「殲《せん》20」など一〇機が台湾領空に飛来する。台湾東岸の地下シェルター内に駐機していてかろうじて無事だった台湾空軍の戦闘機F16四機が応戦したが、うち一機が撃墜される。制空権を握った中国は、最新鋭爆撃機「轟《ごう》20」により総統府や国防省、軍の各司令部を次々と爆撃していく。

台湾島嶼部への上陸作戦が始まるのはここからだ。前出のイーストンは、二〇一七年に中国軍の内部資料を元に著した『中国侵攻の脅威』で、中国軍は、まず厦門《アモイ》から一〇キロ足らずの距離にある金門島や馬祖島に攻め入る可能性が高いとして、次のように記している。

「ヘリコプター部隊がレーダーに探知されないよう、夜明けに海面すれすれで飛行して奇襲。両島の司令塔やミサイル基地を奪取する」

中国の「錦の御旗」

十月三日、ついに台湾本島への上陸作戦が始まる。数十万人の中国軍を乗せた民間商船を含めた二万隻の艦船が出撃。これに対して台湾は一六五万人に上る予備役を動員する。台中や新竹など、台湾西岸にある一三か所から一斉に上陸し、激しい戦闘が始まる。同じタイミングで、台湾内に潜伏していた中国軍の特殊部隊数百人が出動。さらに、中国側と内通していた台湾陸軍中将が台湾陸軍の一部を率いて反乱を起こし、総統を含む主要閣僚や反中メディアの幹部らを拘束する。

十月十四日、ついに首都機能を持つ台北が陥落。この陸軍中将をトップとする臨時政府が樹立され、島内全域に戒厳令が敷かれる。同日、習近平は中南海の執務室から国営中国中央テレビを通じてこう宣言する。

「臨時政府トップを台湾省の代表として承認する。臨時政府の要請に基づき、五〇万の兵力を派遣する」

この臨時政府の樹立こそ、中国にとって「錦の御旗」となる。台湾が形式的とはいえ、「台湾省の代表」を受け入れれば、米軍は反撃のための「大義名分」を奪われる。また、台湾軍の幹部をトップに据えることで、その後の統治も円滑に進むだろう。

こうして、台湾統一が成し遂げられる――習近平の頭の中には、このシナリオが用意されているはずだ。

Xデーはいつか

このシナリオでは、軍事演習の開始からわずか四カ月あまりで臨時政府が樹立される。だが、本当に中国の思惑通り、事態は推移するのだろうか。

鍵を握るのが、米軍の動きだ。シナリオでは、九月二十五日に米空母が撤退すると想定されるが、トランプ政権で安全保障担当の大統領補佐官だったハーバート・マクマスターは筆者の取材にこう断言する。

「米国は世界中に強力な軍を派兵して戦争を防ぐことに貢献しており、（台湾有事の際にも）引き続き米軍を展開していく」

だが、マクマスターは台湾防衛の具体的な作戦については語らなかった。対中戦略にかかわる米軍関係者の多数派は、前出のトシ・ヨシハラと同じく、米空母艦隊の台湾接近は容易ではないことに気づいている。

「私が参加したすべてのウォーゲームで、米空母はグアムもしくはハワイまで撤退を余儀なくされた。中国からのミサイル攻撃を受ければ、ほぼ確実に沈められてしまうからです。もはや空母は、米軍の『力の象徴』ではないのです」（トシ・ヨシハラ）

では、米軍はどうやって対抗するつもりなのか。

「空母の代わりに、ミサイル攻撃を避けやすい小型の艦艇で反転攻撃する。日本を含めた同盟国との軍事演習を増やし、東アジアへの関与が揺るがないことを示すことも大切です。また、空母が撤退した後でも米軍が軍事的に関与する意思を示すために、陸上配備型の中距離ミサイルを日本へ配備することも必要でしょう」

ヨシハラの言うように、日本による後方支援は極めて重要だ。複数の中国軍の文書では、日本が米軍に協力しないよう威嚇するため、日本の近海にミサイル攻撃をすることが記されている。その時、日本はどう対応すべきか。元航空自衛隊航空教育集団司令官（空将）の小野田治はこう提言する。

「このシナリオのように中国のミサイルが接続水域に着弾する場合でも、日本は米国との同盟維持のために地対空ミサイルなどで迎撃すべきです。中国のミサイルが発射された段階で、着弾地が沿岸か、領海か、接続水域かを判断するのは難しいので、事前に政治判断をしておくことが極めて重要になるでしょう」

前出のイーストンは『中国侵攻の脅威』の中で、〈世界の火薬庫の中で最も戦争が起きる可能性が高いのが台湾だ〉、〈中国は二〇二〇年までに台湾侵攻の準備を終える〉と指摘した。日本が「政治判断」を迫られる日は決して遠い未来のことではない。

筆者もかつて、早ければ今年［二〇二〇年］中に中国が台湾併合に向けた行動をとる可能性があるとみていた。十一月には米大統領選が控えている。中国は大統領選前後を「権力の空白期」とみて、軍事挑発をする傾向があるからだ。はたして二〇二〇年中にシナリオが実行される可能性はあるのか。今年［二〇二〇年］二月、イーストンに尋ねた。

「新型コロナによって国際情勢の先行きが不透明になり、計画は遅れるかもしれません。それでも、二〇二五年までに軍事侵攻した場合、成功確率が五〇%はあるとみています」

筆者は、最も可能性が高いのは、次の米大統領選がある二〇二四年前後だとみている。

この年の一月には台湾総統選も行われる。再選は一度しか認められていないため、現総統の蔡英文は退任し、別の民進党候補が出馬する。これまでは、中国と距離を置く民進党と、中国寄りの国民党の候補がそれぞれ二期ごとに交互に当選してきた。ところが、今年〔二〇二〇年〕一月の総統選に国民党候補として挑んだ高雄市長の韓国瑜は六月、公約に反して大統領選に出馬したとしてリコール（解職請求）され、国民党は壊滅的な打撃を受けている。次期総統選で再び民進党候補が当選すれば、中国側は強く反発して実力行使に踏み切る可能性があるのだ。

「中国の脅威」議論を

日本では、陸上配備型迎撃ミサイルシステム「イージス・アショア」の配備計画の撤回をめぐって議論が起こっている〔二〇二〇年六月、河野太郎防衛大臣が配備計画の停止を発表〕。だが、この配備計画が想定していたのは北朝鮮のミサイルだ。日本全土を射程に収める一〇〇〇発以上の中国のミサイルに対しては、対策どころか議論すら進んでいない。日本の政治家や防衛関係者にとって、中国のミサイルの脅威について語ることは、タブーになっているかのようだ。

中国だけではなく、北朝鮮やロシアによる軍事的圧力にさらされている日本を取り巻く安全保障環境は、世界最悪と言ってもいいだろう。

中国軍の内部文書や当局者の証言では、「台湾への軍事侵攻にはリスクが伴う」ことも認めている。とすれば台湾に侵攻しても「失敗するかもしれない」と思わせる抑止こそが、最も有効な手段となるだろう。そのためには日本が防衛上の「隙」をつくらないことが不可欠だ。世界で最も危険な「火薬庫」を爆発させないために、今眼前にある中国の脅威にどう向き合うのか議論し、早急に対策を進める時が来ている。

――以上が、二〇二〇年に筆者が発表した「台湾併合シナリオ」である。当時の中国軍の軍事演習を分析すると、このような「斬首作戦」を念頭に置いた内容がほとんどだった。

あれから約三年半を経て、中国軍のアプローチに変化があったのだろうか。その重要な要素が二〇二二年二月二十四日に始まった、ロシアによるウクライナ侵攻だった。これを受け、中国はどのような台湾併合のシナリオを考えているのだろうか。次章では、最新のシナリオを紹介していきたい。

第2章 中国はどのように台湾併合を目論んでいるのか

——習近平の〝戦略ブレーン〟が考える「新型統一戦争」をシミュレーション

日本の「台湾有事」シナリオに違和感

筆者が第1章で紹介した「台湾有事」に関する論考を発表したのは、二〇二〇年のことである。その反響は大きく、朝の情報番組でも一時間ほどかけてシナリオを解説した。それは、中国人民解放軍がサイバーやミサイル攻撃によって台湾軍の施設やインフラを破壊したうえで上陸を図り、台湾内に潜入していた特殊部隊が台湾軍の内通者と連携して総統・主要閣僚らを拘束もしくは暗殺する「斬首作戦」によって併合するシナリオだった。

これに対して、「危機を煽っている」「習近平国家主席は失敗するリスクを恐れて実行しない」など、一部の専門家から批判された。政府内で講演する際、担当者から「『台湾有事』という言葉は使わないでいただきたい」と言われたこともあった。当時、「台湾有事」という言葉自体がタブーだった。

こうした認識は、わずか三年余りで激変した。専門家やメディアも中国による台湾への軍事侵攻の可能性を指摘するようになった。日本政府だけではなく、シンクタンクやコンサルティング会社が、有事を想定したシミュレーションや危機管理のシナリオづくりをしている。

だが、いずれのシナリオにも違和感を覚えている。

筆者は二十年近く中国軍を取材、研究してきた。軍事演習はもちろん、軍の内部文書などを含めた膨大な資料を読み込んできた。こうした観点から巷で語られているシナリオをみると、根拠や証拠が薄いと感じざるを得ないからだ。

中でも違和感を覚えるのが、自衛隊内や一部の有識者が描く、中国軍が台湾侵攻と同時に尖閣諸島（沖縄県石垣市）を攻撃するというシナリオだ。そもそもこの前提条件のみに基づいた議論は間違っていると言わざるを得ない。

中国の台湾併合における戦略目標を考えてみよう。有事の際に米軍を介入させないことが最重要の戦略目標であり、その出撃の拠点となる在日米軍基地を使えなくすることがカギとなる。仮に中国軍が台湾侵攻の際に尖閣に手を出せば、日米安全保障条約に基づいて米軍が参戦しやすくなり、自衛隊の介入すら招く事態となる。そもそも、筆者はこれまで、「同時侵攻」を示唆するような中国軍の文書や演習を見たことはない。

こうした根拠が乏しいシナリオで、日本の政府や企業が危機管理のシナリオを準備しても対策は十分とはいえない。それどころか、こうしたシナリオを公表することで、日本の情報収集能力の低さや防衛体制の脆さを対外的にさらけ出すことになり、抑止力の低下につながる、と筆者は危惧している。

ヒントは『中国「軍事強国」への夢』にあり

シナリオを考えるうえで、もう一つ重要な要素がある。二〇二二年二月に始まったロシアによるウクライナ侵攻だ。

侵攻当初、ロシア大統領のウラジーミル・プーチンはウクライナへの侵攻作戦を一気呵成に展開し、ボロディミル・ゼレンスキー大統領ら首脳陣を暗殺する「斬首作戦」を検討していたようだ。米政府当局者の試算では、ロシア軍は侵攻直前、十日余りの兵糧や燃料しか準備していなかったという。プーチンが短期の「斬首作戦」を考えていた証左といえる。

だが、米国や英国などがキーウに派遣した特殊部隊がゼレンスキーらの身辺を警備し、ロシア軍に関するインテリジェンスをウクライナ側に提供したことが奏功し、プーチンの計画は失敗に終わり、戦争は泥沼化している。

こうした情勢を誰よりも注視しているのが、プーチンと四〇回以上の会談を重ねて対ロ関係を重視する習近平だろう。中国政府当局者によると、中国当局は外交部門だけではなく、軍、情報機関など数万人規模でウクライナ戦争の状況分析を進めており、台湾併合の戦術の見直しに着手したようだ。その結果、筆者が二〇二〇年に紹介したシナリオのような「斬首作戦」ではなく、よりリスクの低い方法を選ぶ可能性が高いとみている。

では、習近平指導部はどのような併合のやり方を考えているのだろうか。

そのヒントとなるのが、前掲書『中国「軍事強国」への夢』だ。中国国防大学教授の劉明福上級大佐が二〇二〇年十月に中国で発行した『新時代中国　強軍の夢』を編集し、翻訳したものである。

作者の劉明福は、米国の「南北戦争」の史料をもとに、北軍がどのように国際世論を味方につけたのか、戦略面で南軍をどう攻略したのかを分析。そのうえで、「台湾統一」の実現に向けた戦略と戦術を描いている。

一見、突拍子もない論に見えるが、最近の中国の台湾へのアプローチと重なる部分があることがわかる。

劉明福上級大佐とは何者か

この劉明福とはどのような人物なのか。日本ではほとんど知られていないので、略歴から振り返っておこう。

一九五一年山東省生まれ。一九六九年に入隊し、作戦部隊で勤務。七九年から約二十年間、山東省にある済南軍区政治部で理論研究と政治工作研究をした後、中国国防大学で教授を務めている。「全軍優秀共産党員」にも選ばれたことがある。

筆者が初めて劉明福の名前を知ったのは、二〇〇九年のことだ。深刻化する中国軍の汚職問題について取材を始めた際、知り合いの中国政府系シンクタンク研究者から「軍の腐敗問題に最も詳しい専門家」として紹介された。何度か手紙のやり取りをした末、オフレコを条件に劉と会えることになった。

劉は執務室の書棚に並べられていた膨大な書籍の中から、一冊のファイルを取り出した。二〇〇〇年から五年間の軍幹部らの汚職事件に関する内部文書をもとに、劉がつくった報告書だった。

入隊に便宜を図る見返りに謝礼、軍用地を安値で民間企業に売却してキックバック……。

その報告書には汚職に至るまでの経緯や動機が事細かく記されていた。賄賂額も一件あたり数十万元（数百万円）～数億元（数十億円）と、日本とは桁違いの高額だ。その中には、後に逮捕される軍高官の実名もあった。劉は報告書をつくった経緯について振り返った。

「我が軍にとっての脅威は米軍でも自衛隊でもない。我が軍内に蔓延している腐敗こそが最大の『敵』であり、我が軍を破滅に追い込みかねないほどの危機的な状況だ。次期政権が発足したら最優先課題で汚職撲滅に動くだろう」

当時、軍を統括する中央軍事委員会主席だったのは胡錦濤国家主席で、習近平はまだ国家副主席だった。その段階ですでに劉は、習がトップに就任したら腐敗撲滅キャンペーンを展開することを予期していたのだ。

軍内の「異端のタカ派」から政権の「戦略ブレーン」へ

劉明福の名が中国内で一躍知られるようになったのは、二〇一〇年。著書『中国の夢』を出版したことがきっかけだった。副題には「ポスト米国時代の大国的思考と戦略的位置付け」とあり、米国について次のように指摘している。

「我が国は国力をたゆみなく増強していき、世界ナンバーワンの強国になることが世紀の目標だ。そのためには米国と競争しなければならず、これは既存のナンバーワン国家と潜在的なナンバーワン国家との争いといえる。これまで台頭してきた国家を米国は封じ込めてきた歴史がある。今回も中国に対して封じ込め戦略を実施してくるのは間違いない。だからこそ米国に対する幻想を我々が抱くことは自殺行為なのだ」

同著は、中国国民の愛国心に火を付け、瞬く間にベストセラーとなった。同著を出版した背景について、劉は次のように筆者に語っている。

「二〇一〇年に中国の国内総生産（GDP）が日本を上回り、米国に次ぐ世界第二位の大国となった。まさに米国を追いかけ、そして追い越す準備が整った。中華民族が『中国の夢』を追求するスタートの年に出版したのだ」

こうした対米強硬論に対して、米国をはじめとする欧米諸国から批判が起きた。米中国交正常化の道筋をつくったヘンリー・キッシンジャー元米国務長官は、劉のことを「必勝主義者」と呼んで、警戒感を示した。

こうした批判を受け、当時の胡錦濤政権は『中国の夢』を発禁処分にした。劉自身も当局の取り調べを受けていたようだ。「平和的発展」を掲げて米国などとの対外関係を重視していた胡政権には、劉の主張が「強硬過ぎる」と判断したようだ。

ところが、その二年後の一二年十一月に習近平政権が発足すると、同著の扱いは一変する。

習近平政権が発足した翌日、『中国の夢』が再出版されるようになったのだ。北京市内の書店には専用コーナーが設けられ、テレビ番組でも取り上げられるようになった。初版時とは比べ物にならないプロモーションだった。

しばらくして、習近平が新指導部の政治局常務委員六人を引き連れて、北京市内の国家博物館を見学し、次のように演説をした。

「現在みなが『中国の夢』について語っている。私は中華民族の偉大な復興の実現が、近代以降の中華民族の最も偉大な夢だと思う」

習が初めて公に「中国の夢」に言及した瞬間だった。明らかに国を挙げた『中国の夢』のプロモーションだったのだ。その後、習政権の大方針となる政治スローガンが「中国の夢」となった。劉の書名だけではなく、コンセプトもそのまま採用された。

習政権にとって最も重要な政治スローガンと、看板政策である腐敗撲滅キャンペーンの理論的支柱の役割を劉明福が果たしていたことがうかがえる。劉明福はもはや中国軍内の「異端のタカ派」ではなく、習近平の戦略づくりや政策決定に影響を与える「戦略ブレーン」と言っても過言ではないのだ。

中国版で削除された「台湾統一シナリオ」も収録

二〇二〇年十月に出版された『新時代中国　強軍の夢』は、『中国の夢』に続く劉明福の著書である。同著には、中国軍が抱える問題点や、それをどのように改革し、何を目指すのかが克明に記されている。

習近平が二〇一七年の第一九回共産党大会で、中国軍を「世界一流の軍隊」にするという目標を打ち出した。これについて、欧米の専門家らは「米軍に並ぶこと」だと推測してきた。

ところが、劉は同書の中で、「戦場はスポーツ大会のような二位は存在せず、勝つか負けるかの結果のみだ」と喝破し、米軍をしのぐ「世界最強の軍」になることが目標である、と強調した。これには中国内外で反響があり、とくに米国内での対中警戒感が一気に高まった。

だが、これは劉の主張のごく一部に過ぎなかった。

もともと劉の草稿は、中国語で六〇万字ほどあった。ところが、中国当局による厳しい検閲によって、中国の安全保障戦略の機微に触れる部分は、掲載の許可が下りずに大幅削除され、中国版は二〇万字余りに圧縮されていたのだ。中でも、草稿の第5章「反台湾独立から祖国の完全統一へ」は丸ごと削除されていた。

中国はいつ、そしてどのようにして台湾を併合するのか。そのために中国軍はどのような準備や能力が必要なのか。

そこに記されていた壮大かつ綿密な戦略と戦術は、最近、欧米や日本の専門家や研究機関が議論している「台湾侵攻シナリオ」とは、およそかけ離れたものだった。

劉は、一八六一年に米国で起こった「南北戦争」を「中国統一戦争」と見立て、北部連合がどのように統一のための「錦の御旗」を掲げて、南部を打ち破ったかについて緻密に分析したうえで、中国による台湾併合のやり方を解説している。

さらに驚いたことに、同書では統一後の台湾をどのように統治していくのか、についてもページが割かれていた。同書が中国で出版されたのは二〇二〇年。すでにこの段階で、中国の軍、政府内の議論が、「統一方法」から「統治方法」に焦点が移っていたことを裏付けている。「台湾有事が起こるか起こらないか」という議論をしている日本が周回遅れであることが浮き彫りとなった。

いずれの部分も中国版には掲載されていない。

筆者は削除された部分を含む、すべての草稿を入手した。そして約一年がかりの交渉を重ね、劉から編集権、出版権を預かったうえで、まさに世界初となる習近平の「戦略ブレーン」による台湾併合のシナリオを含めた日本語版の出版が実現したのだ。

「敵の心を潰す戦争」をシミュレーション

では、『中国「軍事強国」への夢』で劉明福が明らかにした「祖国の完全統一」方法とはどのようなものなのか。

これまでの戦争は、第二次世界大戦のノルマンディーや朝鮮戦争の仁川で用いられた「上陸作戦モデル」が主流だった。だが、中国が台湾問題を解決する際には、旧来のモデルとは異なった「新型統一戦争」を展開する、と劉明福は同著で指摘している。

〈古今東西、世界の戦史における上陸作戦は、多くの代償を伴うものだ。この伝統的な「上陸作戦モデル」は、自他共に損失が甚大だ。台湾問題を解決するための「中国統一戦争」は、このモデルに別れを告げる新型作戦となる。それは、「戦わずして敵兵を屈服させる」戦争ではなく、「巧みに戦うことで敵の戦意を喪失させる」「知恵をもって戦うことで敵の心を潰す」戦争なのだ。「人員に死傷なし」「財産の破壊なし」「社会に損害なし」という特徴を有する大勝利を目指すものだ〉

これまで孫子の兵法に記された「戦わずして勝つ」という手法を中国側が採用すると指摘する内外の研究者はいた。だが、劉明福はさらに踏み込んで、台湾の人々の「心」に注目し、戦意を挫くことに着目したうえで、人命だけではなくインフラなども一切破壊せずに併合を図る斬新な手法を考えているという。

ただ、残念ながら同書ではこれ以上の説明はない。劉明福のいう「新型統一戦争」とはいったい、どのようなアプローチなのだろうか。筆者の十年以上にわたる劉ら軍幹部との意見交換や、中国軍による軍事演習の研究をもとに、シナリオを描いてみたい。

その舞台は、「選挙イヤー」二〇二四年末から始まる。

本シナリオでは、十一月の米国大統領選で、トランプがバイデンを僅差で破って大統領に返り咲くという前提で予測を進めていく。

トランプが再び大統領として就任する二〇二五年一月からシナリオを始めてみよう。

始まりはトランプ大統領の再登板

【二〇二五年一月】

第四七代大統領に就任したトランプは二十日、就任演説で公約に掲げたウクライナへの武器支援の停止と併せて、対中政策についてこう訴えた。

「〝ペテン師〟バイデンは中国に弱かったが、私は違う。選挙中から訴えてきた中国の最恵国待遇を撤回することを約束する。そしてこれまで我が国の基本方針だった『一つの中国』政策と『戦略的曖昧性』の見直しにも着手する」

これを受けて国防総省は、戦闘機「F15EX」と巡航ミサイル「トマホーク」などを含めた最大一八億ドル（約二七〇〇億円）の武器を台湾に売却する方針を明らかにした。

台湾の頼清徳総統はトランプと電話会談をし、「トランプ大統領の就任をお祝いするとともに、対中政策の見直しという英断をしたうえ、従来よりも重要な武器の売却を決めたことを高く評価したい。中国による我が国に対する軍事圧力に対抗するため、米国との連携をさらに強めていきたい」と語った。

これに対し、中国側は猛反発する。トランプが打ち出した新たな対中政策について、中国外務省報道官は「両国関係の根底を覆す行為で断じて受け入れることはできない。米国は『一つの中国』を厳守し、台湾問題について慎重かつ適切に扱わなければならない」と強く非難した。

また、米国による台湾への武器売却について、中国国防省報道官は「中米関係と台湾海峡の平和と安定を著しく危うくする行為で、合法的かつ必要な対抗措置を断固として講じる」とする談話を発表した。

続いて、全国人民代表大会常務委員会は二十五日、新たに「国家統一法」を制定した。同法では台湾は「中華人民共和国の不可分の領土」であり、「一つの中国」原則を法制化し、中国政府の管轄権が台湾の領海や領空に及ぶことが盛り込まれた。そのうえで、「祖国の完全統一は中華民族の責務」とうたい、これまでの台湾政策の基本方針だった平和統一路線を見直し、「武力統一」も明記し、軍事力を使った併合を正当化した。また、中国が「台湾独立派」と認定した人物を拘束・刑事訴追することを定め、最高刑が死刑となる量刑も付記した。中国・台湾のみならず各国の人々を対象とした。

これまで、台湾有事を引き起こすのは、台湾側の独立に関連した動きだと、各国の専門家らは分析していた。だが、劉明福は『中国「軍事強国」への夢』の中で、「台湾独立勢力」の動きとは関係なく、「我々が武力行使をする上で、最も有利なタイミングを見計らって、開戦しなければならない」と指摘している。

これを参考に、今回のシナリオも有事のトリガーを引いたのは台湾ではなく米国に設定した。二〇二二年八月にナンシー・ペロシ下院議長（当時）による訪台後に中国軍が大規模な軍事演習を実施したように、中国側は米国の動きに強く反発する傾向があるからだ。

トランプ政権は一期目、対中強硬政策を展開した。だが当時よりも、米国内の反中感情は高まっており、米主導の国際秩序に挑戦する中国の脅威に対して民主、共和両党とも反発を強めている。

こうした世論の変化を受け、二〇二四年の大統領選では、対中政策は最大の焦点の一つとなっており、各候補が対中強硬策を競っている。中でも世論の「風」を敏感に読むトランプは、バイデン政権の対中政策を「弱腰」と批判する一方、中国に世界貿易機関（ＷＴＯ）ルールに基づく関税優遇の停止を公約に掲げ、「強さ」をアピールしている。その延長線として当選後も安全保障面でも強硬策を続ける可能性がある、とみている。

「国家統一法」の制定と「三戦」の展開

ここで焦点となるのが、米中両国が一九七九年に国交正常化をした際の台湾問題をめぐる取り決めだ。

国交正常化以降、中国本土と台湾は「不可分の領土」であり、台湾は「中華人民共和国」の一部であるという「一つの中国」原則を主張してきた。これについて、このとき結んだ米中共同声明で、米政府は「中華人民共和国は中国を代表する唯一の合法政府であることを承認」としながらも、「中国はただ一つで、台湾は中国の一部であるという中国の立場」について「米国は認識（acknowledge）する」という立場をとった。

このとき、米政府は台湾と断交する代わりに「台湾関係法」を制定し、「平和手段以外で台湾の将来を決定しようとする試みは、いかなるものであれ、地域の平和と安全に対する脅威だ」と明記し、台湾の自衛のための兵器の提供などを盛り込んだ。一方、中国が武力で台湾統一を図ろうとした場合、米国による防衛義務を定めない「曖昧戦略」が採られてきた。

今回、トランプは国交正常化後の対中関係の基礎となる「一つの中国」政策を破棄したうえで、「曖昧戦略」を見直して有事の際に米軍が台湾を防衛する義務を負うという政策に舵を切った。そのうえで、台湾軍が「自衛」の範囲を越えて中国大陸を直接攻撃できる飛距離や射程距離が長い戦闘機やミサイルの供与にも踏み切った。

これには伏線があった。トランプは二〇一六年の大統領選当選直後、米テレビ局（FOXニュース）のインタビューに対し、次のように言及している。

「『一つの中国』政策については十分に理解しているが、中国と貿易などについて合意でもしない限り、なぜ堅持する必要があるのかわからない」

トランプは対中交渉の「取引材料」として「一つの中国」政策の見直しを示唆していたのだ。

その後、トランプは同政策を変更しなかったものの、二期目に再び俎上に上がる可能性はありうる。

この報復措置として、中国政府は内部で検討していた「国家統一法」の制定を急いだ。これは、二〇〇五年に制定した「反国家分裂法」をアップグレードしたもので、筆者が複数の中国政府関係者に確認したところ、実際に政府内で検討されている新法だ。「反国家分裂法」で定めていなかった「独立分子」への量刑については死刑で、中国国外の人も対象としているのが特徴だ。

「反国家分裂法」は「独立の阻止」に重点が置かれているのと比べ、「国家統一法」は統一するための法的根拠をつくる目的がある。つまり、四十年余り続いてきた台湾をめぐる「曖昧性」を排除して、「一つの中国」を確固たるものにする狙いがあるのだ。

これによって、台湾の領土のみならず領海や領空でも中国の管轄権が及ぶことを内外に示した。今後、台湾の領海を通過する外国の船舶に対して、相手国の同意なしに臨検したり、台湾を発着する外国の航空会社の乗り入れを制限したりする権利を中国政府が行使できることに道を開いた。

まさに中国が得意とする「世論戦」「心理戦」「法律戦」から成る「三戦」と呼ばれる重要作戦の展開が始まったのだ。法律を利用して国際的な支持を獲得するとともに、中国の軍事行動に対して予想される反発をあらかじめ封じ込めるための「法律戦」の一環なのだ。

習近平政権は、こうした土台を築いたうえで、具体的な行動に出る。

「臨検」と軍事演習で台湾の物流を遮断

【二〇二五年二月】

中国軍の東部戦区と南部戦区は、台湾周辺を含む東シナ海一帯で「特別重要軍事演習」を合同で実施すると発表した。演習実施地域として、東シナ海から台湾海峡、そしてバシー海峡に至る計一四カ所で実弾射撃訓練を実施する予定で、期間は二月二十日から十四日間。東部戦区報道官は「『島嶼進攻作戦』を想定したもので、地上への打撃と長距離の空中での攻撃について重点的に演習する」と語った。また、中国国防省報道官は、中国の防空識別圏（ADIZ）の拡大を表明。台湾のADIZを吸収する形で広げており、日本の南西諸島の一部の空域とも重なる。

あわせて、福建省海事局は微信（ウィーチャット）の公式アカウントを通じて、二月二十日から台湾海峡を通過する船舶に対して「海上臨検」を実施することを明らかにした。大型海事巡航救助船「海巡06」などの監視船を台湾海峡一帯に展開する。福建省海事局は「『国家統一法』に基づき我が国の管轄権が及ぶ海域で実施する法執行の一環で、すべての外国籍船が対象だ。臨検に従わない船舶はあらゆる強力な対抗措置の対象となる」と警告した。

また、中国商務省は「国家統一法」に基づき、中国内で展開するすべての外資系企業に対し、「二つの中国」原則と中国による「祖国統一」を全面的に支持する誓約書に署名するように求める通知を出した。期限は一週間で、署名をした会社は自社のホームページを通じて同意したことを告知する必要がある。商務省報道官は「中国でビジネスをするすべての外資系企業が同意する義務がある。署名を拒否した会社およびその責任者については、『国家統一法』に基づいて厳重に処分する」と強調した。

これに対し、台湾の頼清徳総統は緊急会見を開き、「中国による『臨検』は我が国の領海内で実施されており違法かつ不当であり、侵入してきた船舶には自衛権を発動する。米国を始め友好国には支援を求める」と語り、中国側の対応を非難した。このころ、台湾の各機関や会社のホームページは相次いで「台湾独立反対、祖国統一賛成」などと改竄《かいざん》されたほか、各地の現金自動預払機（ATM）に不具合が発生し、市民の間で混乱が広がった。

一方、米インド太平洋軍司令部は、「B2爆撃機」二機と「F35A」四機が台湾を含めた東シナ海上空を飛行したことを発表した。この編隊には、自衛隊の「F15」八機も加わった。また、ミサイル巡洋艦「アンティータム」「チャンセラーズビル」の二隻と自衛隊の護衛艦「むらさめ」が合同で台湾海峡を通過したと、第七艦隊司令部が発表した。同司令部は「国際法に基づき航行および上空飛行の自由が適用される海域を航行した」という声明を出した。

中国は、二〇二一年二月に施行された中国海警法に続き、同九月に改正された海上交通安全法で、南シナ海や東シナ海を含む広大な管轄海域を主張している。今回の「国家統一法」によって台湾の領海にも管轄権が及ぶことを改めて「法制化」した中国政府はまず、福建省海事局の公船による台湾海峡全域での「臨検」に乗り出した。

海軍力を使った「海上封鎖」ならば、国際法上の「軍事行動」とみなされ、米軍や台湾軍も対抗措置をとりやすい。しかし、中国側があくまで自国の「領海」における「法執行」という名目で、船舶の取り締まりをしている。もし、米軍が先に「臨検」している中国公船を撃破したら「先制攻撃」とみなされかねない。このため、米軍の対抗措置としては、艦艇や航空機による示威行動をとるぐらいが限界といえよう。

これを補うように、中国軍による台湾「封鎖」演習が実施される。中国が初めて台湾「封鎖」をうたったのは、二〇二二年八月の演習だった。このときは台湾を取り囲む七カ所の演習区域が設けられて一週間にわたり実施され、一一発の弾道ミサイルが発射された。今回は、演習区域が一四カ所に拡大され、東シナ海一帯のほか、南シナ海と西太平洋をつなぐ海上交通の要衝となるバシー海峡も含まれる。期間も一カ月にわたり、東シナ海一帯や西太平洋を航行する船舶に甚大な影響を及ぼすことになる。

中国による「臨検」と大規模な軍事演習によって、台湾の物流はほぼ遮断される。とくに、台湾海峡が封鎖されると、台湾のコンテナターミナル四カ所のうち、全コンテナ取扱量の約九割を占める高雄、台中、台北が使えなくなり、台湾経済に重大な損害をもたらした。これに追い打ちをかけるように、中国側は台湾の金融システムをはじめ、発電所や変電所などのインフラにもサイバー攻撃をかけ、市民の生活は混乱し、不安は増すばかりだ。

そして、中国政府はビジネス界にも揺さぶりをかける。中国に進出している外資系企業に対し、「一つの中国」原則に同意するように迫ったのだ。中国でビジネスを続けるには企業は同意するしかないが、自国政府がそれを簡単には許さないだろう。また、台湾のみならず欧米や日本の世論からも批判を受けかねず、企業にとっては難しい「踏み絵」となる。と同時に米国や日本国内で、政府と企業の分断を図るには最も効果的な方法といえる。

「人道回廊」の見返りに「統一協議」を要求

【二〇二五年三月】

中国軍は予告通り、東シナ海一帯と台湾周辺で大規模な台湾「封鎖」演習――中国軍の東部戦区と南部戦区軍による海上封鎖、掃海、偵察、対艦攻撃、対ミサイル防空、対潜訓練を実施した。四週間の演習で、「空母キラー」と呼ばれる「DF21D」や「グアムキラー」と称される「DF26」を含めた計四〇発の弾道ミサイルが台湾周辺や西太平洋に撃ち込まれた。

福建省海事局も予定通り、台湾海峡における監視船による「臨検」を展開した。四隻の外国船籍のタンカーを海上で停泊させて「臨検」し、福建省の福州、厦門の両港に強制寄港させた。その理由について同海事局は「当該タンカーが核関連物資を台湾に搬入しようとした疑惑がある」と説明した。

一方、台湾南部の高雄港を出港した日本の船舶会社の貨物船（パナマ船籍）の船底の一部が爆発し、航行できなくなった。台湾海巡署（日本の海上保安庁に相当）の報道官は「中国が仕掛けた機雷によって破壊された」と指摘した。

頼清徳総統は緊急の記者会見を開き、「極端なエネルギーと食料不足に陥っていることから、全土に非常事態宣言を出す」と発表した。そのうえで、民間船舶が食料や生活必需品を運べるよう、北東部の基隆港《キーロン》から東シナ海までの「人道回廊」を設置したことを明らかにし、各国に順守を求めた。

頼は会見で、「中国側の措置は『臨検』という名の『海上封鎖』という戦争行為そのものであり、明らかに違法だ。国民の生活や経済は大打撃を受けており、停電や医薬品の不足によって、高齢者や乳幼児に犠牲者が出ている。国際社会の支援を求める」と訴えた。また、人道回廊を航行する船舶が軍事目的ではなく純粋に人道目的であることを証明するため、回廊を通る船舶にはすべてカメラを設置して透明性を担保するという。

日本の外務省によると、中国の北京、上海に駐在している邦人三〇人が中国当局によって拘束された。現地の総領事館を通じて詳細を確認中だが、大手商社、メーカーの社員、メディアの特派員が含まれている模様。いずれの企業も中国政府が「国家統一法」に基づいて要求した「一つの中国」原則を支持する誓約書への署名を拒否しており、報復措置の可能性がある。

また、日本各地の自衛隊基地のほか、嘉手納、岩国、佐世保の各米軍基地の周辺では、数万人規模の「反戦デモ」が展開され、一部の基地のゲートが参加者によって封鎖され、物資の搬入ができなくなっている。別の基地の滑走路周辺では、「平和のバルーン」活動と銘打ち、航空機が離陸するタイミングでバルーンを打ち上げる運動も展開され、戦闘機や輸送機の一部が離発着できなくなった。

習近平は国営中国中央テレビを通じて、「台湾当局が先般、いわゆる『人道回廊』を提起したことを重視している。我々中華民族は争いを望まず、自らの手で両岸関係の問題について解決しなければならず、制度の違いは、統一への障害や分断の言い訳にはならない。我々は統一に向けた『徹底的な民主的協議』を両岸の各政党や各界に呼びかけたい」と発表した。そのうえで、「私の在任中に七十年余りの対立に必ず終止符を打つ。平和的な統一後、台湾同胞の社会制度と暮らし方などは十分に尊重され、台湾同胞の個人財産、宗教信仰、合法的権益は十分に保障される」とも強調した。

中国は、軍事演習と「臨検」に加えて機雷による台湾「封鎖」に乗り出した。ミサイル攻撃と異なり、直接人を殺傷しない機雷敷設は、「戦わずして勝つ」には有効な手段といえる。

台湾軍の試算によると、一万数千個の機雷を主要港の周辺に撒けば台湾の海運を完全に遮断できるという。

台湾において、発電の約三割を担う液化天然ガス（ＬＮＧ）の備蓄は十一日分しかなく、原油も九十日ほどだ。中国による「封鎖」が一カ月以上続けば、深刻なエネルギー不足に陥る。食料自給率も三〇％前後しかない。各地で停電が発生し、食料品を含めた生活必需品が不足するのは必至だ。劉明福が言及したような、台湾の人々の「心を潰して戦意を喪失させる」には十分な圧力となるだろう。

そのうえで習近平政権は、頼政権が求める「人道回廊」を認める見返りに、「統一」に向けた対話を「交換条件」として示したのだ。

習が提起した「徹底的な民主的協議」は、二〇一九年一月にも台湾側に求めている。複数の中国共産党関係者に筆者が確認したところ、「徹底的な民主的協議」とは中国の人民政治協商会議が主催する形で、台湾の政権だけではなく、野党や業界団体の代表を含めて「統一」のやり方について議論する案が内部で検討されている。

「政治協商会議」は、中華民国が日本との戦争に勝利した後の一九四六年一月、中国・重慶で国民党や共産党に加え、主な政治勢力が戦後の中国の在り方を議論するために開かれた。

習政権はこの形式をモデルに再び、台湾側との統一協議をすることを考えているようだ。

在日米軍が抱える深刻な問題

一連のシナリオを振り返ると、確かに中国側は劉明福がいうように台湾の人々を直接殺傷してはいない。だが、軍事力を使って二三〇〇万人の人々を極限状況まで追い込んで、強制的に対話に応じさせることを検討しているのだ。

これこそが、中国側が考える「平和的統一」だと筆者は考えている。

習近平は二〇二三年十一月、訪問先の米サンフランシスコで会談したバイデンに対し、こう警告した。

「米国は台湾を武装することをやめ、中国の平和的な統一を支持すべきだ」

両国政府関係者によると、このときバイデンは反応をせず、隣にいたブリンケン国務長官に意見を求めたという。だが、ブリンケンも回答をしなかった。

首脳会談後、筆者は複数の米政府関係者から、習の発言の意図について問い合わせを受けた。米側がそれを理解していなかった証左といえよう。

そして、このシナリオの後半になると、米側の行動が少なくなっていくことがわかる。

まず、中国側による直接的な軍事行動を採らない攻勢に対し、米軍が反撃しづらいことが原因として挙げられる。筆者は二〇二三年秋の訪米の際、米軍関係者やシンクタンク研究員らに上記の「封鎖シナリオ」を解説したことがある。ところが「米側ではそのような想定を検討していない」という反応がほとんどだった。

そして米側はもう一つの深刻な問題も抱えている。日本にある米軍基地が使えなくなる事態だ。

中国周辺に米軍を派遣するには、グアムのほか、日本と韓国にある米軍基地が主な拠点となる。在韓米軍は北朝鮮を抑止するためには動かしづらく、グアムだけでは戦力が足りない。在日米軍基地が最も重要なのだ。

米シンクタンク、戦略国際問題研究所（CSIS）が二〇二三年一月に公表した台湾有事をめぐるシミュレーションでは、二〇二六年に中国軍が台湾に軍事侵攻した場合の二四通りのシナリオを検証した。ほとんどのシナリオで、「中国の作戦は失敗に終わった」と結論付けられた。だが、いずれのシナリオも、米軍の嘉手納、岩国、横田、三沢の各基地から作戦が展開できることが前提条件となっている。

中国軍の近代化が進んで質量共に台湾軍を凌駕している今、米軍の参戦が不可欠となる。そしてその米軍が出撃する最大の拠点となる在日米軍が使用できることが必須条件なのだ。

本シナリオのように、平和団体などが米軍基地の出入り口を封鎖する形で座り込みの抗議運動をしたり、滑走路近くでバルーンやドローンを飛ばしたりするだけで、基地への補給や航空機の離発着に支障をきたしかねない。

そもそも米軍が日本にある基地から戦闘作戦行動をとる場合、日本政府と事前協議をすることが日米安保条約では定められている。本シナリオで示したように、中国にいる邦人を次々と拘束する形で、日本政府に基地使用を認めさせないように、中国側は次々と圧力をかけてくることが予想される。

そのとき、日本政府はどのような対応をとればいいのか。台湾有事が現実化する中、政府内でも危機を想定したシナリオをつくり対策を練っておく必要に迫られている。

台湾有事は日本有事そのものなのだ。

「台湾は中国封じ込めのカードに過ぎない」

そもそも中国側は、米国の力をどのように見積もっているのか。

かつて筆者が劉明福にインタビューした際、台湾有事に米国が介入する可能性について水を向けたことがある。これに対し劉は「仮に米軍と衝突したとしても、我々には打ち負かす能力がある」と即答した。

中国軍内をみても、二十代、三十代の若い軍人を中心にナショナリズムが強い傾向がある。この世代は生まれたときには中国はすでに大国になりつつあり、一九九一年から本格化した愛国主義教育の影響を強く受けているからだ。

「大国である我が国がなぜいつまでも米国に屈服しなければならないのか」

「台湾などという小さな島をなぜ取れないのか」

軍人に限らず、この世代の中国の若者と接していると、このような不満をしばしば耳にする。中国軍は一九七九年の中越戦争以来、実戦経験がなく、若い世代の軍人は戦争体験を知らない。そのため、戦争の悲惨さよりも愛国のほうが前面に出る傾向がある。

さらに劉明福は筆者に対し、次のように述べた。

「米国が中国との全面戦争につながる軍事介入をする可能性は低い。なぜなら、米国にとって台湾は中国封じ込めの『一枚のカード』に過ぎないからだ」

米国にとっては台湾は「駒」に過ぎず、核兵器を持っている中国との全面戦争を覚悟のうえで参戦することはない、と中国側がみていることがうかがえる。

仮に中国が台湾に侵攻した際、劉明福の見立てのように米軍が撤退したり、そもそも参戦すらしなかったりした場合、日本は深刻な事態に陥ることを覚悟しなければならない。

前提として米軍の参戦がなければ、台湾単独では中国に反攻することは難しい。米軍が小規模な部隊しか台湾に派遣しなかった場合、自衛隊はどこまで関与するのか。米軍が参戦しなかったら、日本も同調して台湾を見殺しにするのか。日本政府は極めて難しい判断に迫られる。

もし、日本の対応を誤れば、国際社会から批判を浴びるだけではなく、中国からの攻撃を受けて甚大な被害をもたらすことにもなる。

さらに、中国による侵攻が成功して台湾が併合されると、日本の安全保障状況は激変するのは間違いない。

日本と米国の対中抑止にとって最も重要なのは、鹿児島県から南西諸島を通って、台湾、そして南シナ海までに通じる「第一列島線」である。この線上に潜水艦を監視するセンサーを張り巡らしたり、哨戒機で水深が比較的浅い東シナ海一帯を監視したりすることで、中国

第一列島線と第二列島線

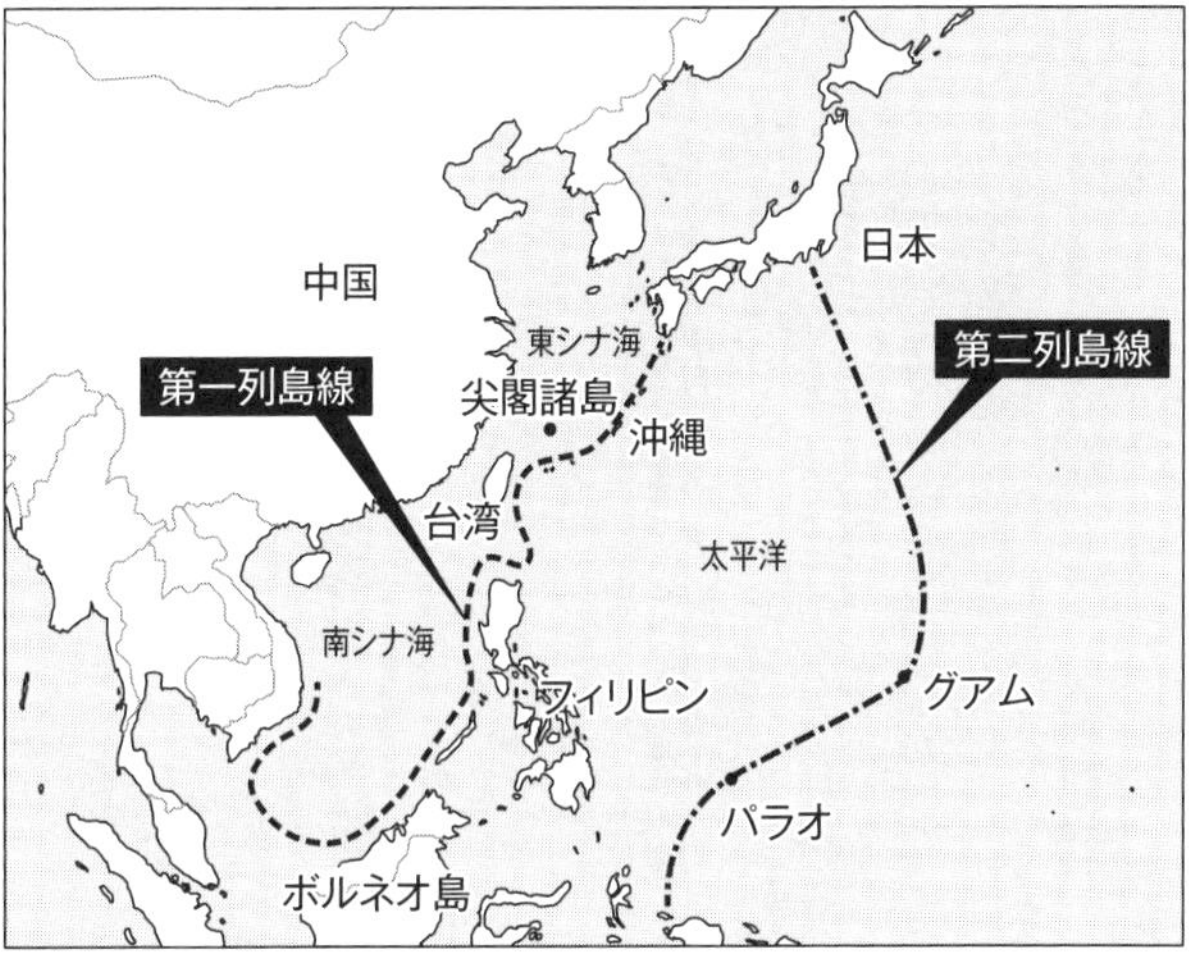

軍の艦艇や潜水艦の動向を追跡する「トリップワイヤー（仕掛け線）」の役割を果たしているからだ。東シナ海における「第一列島線」の両端を支えるのが、鹿児島県と台湾になる。

中国が台湾を併合した場合、「第一列島線」の台湾側の支えを失い、潜水艦などの追跡がしづらくなる。中国が台湾に駐軍すると、わずか一一〇キロ離れた沖縄県・与那国島で自衛隊は中国軍と対峙することになる。これは、日本が台湾を統治した一八九五年以来のこととなる。

さらに中国軍が台湾東岸に潜水艦基地を建設したらどうなるか。これまでのように東シナ海やバシー海峡を通らなくて済むために自衛隊や米軍の監視を逃れ、直接水深が深い西太平洋に出航できるようになる。そうなると、自衛隊や米軍が把握しない潜水艦が突如、東京湾に出現するような事態となりかねない。太平洋側には自衛隊の警戒管制レーダーの「空白地域」があるため、日本全体が中国軍の脅威にさらされることになる。

故・安倍晋三元首相が語った「台湾問題は日本問題である」という表現は、比喩ではない。民主主義国の台湾が受け続けてきたプレッシャーが次は直接、日本に圧《の》し掛かることを意味する。

崩れる第三次台湾海峡危機時の「空母神話」

にもかかわらず、「いざとなったら最後は米軍の空母が助けにきてくれる」という「神話」を信じている自衛隊幹部や専門家がいる。その記憶の中にあるのは、第三次台湾海峡危機(一九九五~九六年)の「成功体験」だろう。台湾総統選で初の直接選挙で中国と距離を置く候補の李登輝が優勢となると、中国側は一九九五年、台湾海峡で弾道ミサイルの発射演習を実施した。

これに対して米国は一九九六年、ニミッツとインディペンデンスを中心とする二つの空母打撃群を台湾海峡へ送り込み、中国軍は空母の海峡通過に何ら手出しができなかった。

この「成功体験」をもって楽観派は米軍への期待を描く。

だが、現在の状況は第三次台湾海峡危機時とはまったく異なっていることを忘れてはならない。

現在、中国軍は台湾海峡に面した要所に一〇〇〇～二〇〇〇発規模のミサイルを配備中だ。射程は日本にも及び、西日本の港湾や空港などの重要施設を同時に八〇〇カ所前後、破壊できる能力を有する。

そのなかで、はたして米軍の空母打撃群が台湾海峡を通れるのか。ミサイル攻撃を受けたニミッツがハワイのアメリカ軍基地に撤退したのを見計らい、中国の空母が海上封鎖に出るシナリオも考えられる。

台湾海峡と日本を守るというアメリカ軍の「空母神話」は、もはや崩れている。

もう一つの楽観的な「神話」は、ウクライナ戦争との類推だ。

「プーチンがウクライナのゼレンスキー政権に対して企てた『斬首作戦』は失敗し、戦線は膠着状態にある。習近平も、独立反乱を口実に頼清徳総統を中国の国内法に基づき逮捕し、台湾臨時政府のトップを『台湾省』の書記に任命しようとしていたが、苦労するプーチンをみて台湾侵攻を諦めたに違いない」という根拠の乏しい楽観論も散見される。

しかし、本章の冒頭で述べたように、筆者が二〇二〇年に発表したシナリオのような「斬首作戦」が決行される可能性はもはや高くない。「プーチン・シナリオ」が頓挫したからといって、本章で紹介したような「台湾統一シナリオ」を習近平が放棄するとは考えられない。

そもそも、有事に関してウクライナと台湾の間に共通点は少ない、といってよい。決定的な違いは、ウクライナは独立国家であるのに対し、台湾は国連加盟国ではなく、国交がある国も一二カ国（二〇二四年一月二十日現在）にとどまる点だ。また、先述のようにウクライナには武器や食料を供与できる陸続きの友好国ポーランドがあるのに対し、台湾は四方を海に囲まれている。そしてなによりも、東アジアには北大西洋条約機構（ＮＡＴＯ）に相当する同盟は存在していない。

日本は根拠なき楽観論に流されることなく、冷厳な現実を見据えつつ、台湾有事に備えなければならない。

第3章

先鋭化する米中対立

——東アジアの〝火薬庫〟はいつ爆発してもおかしくない

よみがえる二十二年前の「悪夢」

二〇二三年五月二十六日、南シナ海。一面に広がる青い海を見下ろしながら米軍の電子偵察機「RC135」は順調に飛行していた。すると、濃灰色の戦闘機が現れた。次第に機影は大きくなる。戦闘機は左に舵を切ると、偵察機の前を横切り、機体は大きく上下に揺れた。

米インド太平洋軍が二三年五月三十日に公表した、偵察機から撮影したとされる映像からは緊迫した様子が伝わってきた。同軍は「中国軍機のパイロットが不必要で攻撃的な操縦を行った」と非難した。中国人民解放軍南部戦区の報道官は、南シナ海で訓練していた空母「山東」に米偵察機が近づいてきたため、戦闘機「殲16」で対応したといい、「米偵察機が故意に訓練区域に侵入して妨害した」と強い調子で米側を批判した。

両軍の言い分は真っ向から対立する。だが、両機のいずれかが操縦を間違えていたら、一触即発の事態になっていたことは確かだろう。

筆者はこの映像を見て、二十二年前の事件が頭をよぎった。

二〇〇一年四月一日、中国・海南島から東南に約一一〇キロ離れた南シナ海上空を飛行していた米海軍の偵察機に、中国海軍の戦闘機「殲8」が接近して衝突し墜落、パイロットは行方不明となった。米偵察機も大きく損傷して海南島に不時着し、二四人の乗員は中国当局に拘束された。

当時の中国の江沢民国家主席は「全責任は米国にある」と批判し、中国内でも反米世論が高まった。一方で、胡錦濤国家副主席ら高官は、中国内の巻き起こる反米世論を抑え込みながら、さまざまなチャンネルを通じて水面下で米政府と交渉したことで、衝突から十日後に二四人の米軍乗員の釈放が決まった。対米関係を重視する江沢民政権は決裂を避けるため、妥協を図ったことで早期解決に結びついた。

当時のジョージ・ブッシュ（子）米政権が、中国を「戦略的競争相手」とみなして対立姿勢を見せており、両国関係の緊張が高まっている最中に起きた。今回の事故も、ジョー・バイデン政権が、中国を「国際秩序を変える意思と能力を兼ね備えた唯一の競合国」と位置付け、対立を深めている矢先に発生している。

二つの事件は、いずれも両国の対立が先鋭化する中で起きたのだ。だが、事件後の中国側の対応は大きく異なっている。

今の中国は二〇〇一年当時と比べて経済力は二〇倍以上となっており、軍事力も近代化を進め、米国を猛追している。中でも、習近平政権と江沢民政権と大きく異なるのが、対米政策である。

習近平国家主席は二〇二三年三月の会議で、米国をこう批判した。

「米国を中心とする西側諸国による全面的な封じ込め、囲い込み、弾圧によって、中国の発展に前例のない深刻な試練をもたらした」

対米関係を重視してきた中国指導者が、米国を名指しで批判するのは極めて異例のことといえる。

もし今回、両軍機が衝突していたら、大国としての自信をつけた中国世論の怒りに火がつき、激しい対米批判が巻き起こっていただろう。習政権も強い対抗姿勢を打ち出し、米軍に対して報復措置に出ていてもおかしくない。

こうしたニアミス事故は近年、急増している。

米国防総省は二〇二三年十月、南シナ海・東シナ海上空の国際空域において、中国軍の戦闘機による米国や日本などの同盟国の航空機に対する「威圧的で危険な行動」は過去二年間で約三〇〇件に上ったと発表した。米軍機に対してだけでも約二〇〇件を数え、それ以前の十年間の総計をも上回った。

「こうした行動は事故につながり、危険な事故が思わぬ紛争につながる恐れがある。我々は国際法が許す限り、安全かつ責任ある行動を取り、インド太平洋の平和と安定に貢献していく」

こうした中国軍の行動について、米国防総省のイーライ・ラトナー次官補（インド太平洋安全保障担当）は記者会見の中で、中国側の行動を批判しつつ、今後も東・南シナ海における軍事行動を続けていく構えを示した。ラトナーによると、とくに二〇二一年秋以降急増しており、増加の一途をたどっているという。

いつ、東アジア周辺で〝火薬庫〟が爆発してもおかしくない状況なのだ。

ブリンケン米国務長官の「北京の屈辱」

こうした米中両軍の緊迫した状況に米国のバイデン政権は危機感を募らせている。外交面では、中国側との激しい競争で、車同士が衝突したり谷底に転落したりするのを防ぐため、共通認識に基づく「ガードレール」をつくるべく動いた。

まず白羽の矢が立ったのは、アントニー・ブリンケン米国務長官だった。ブリンケンはオバマ政権下において、副大統領だったバイデンを国家安全保障担当補佐官として支えた右腕中の右腕だ。

ブリンケンは二〇二三年六月、北京に飛んで習近平や、秦剛《しんごう》・国務委員兼外相らと相次いで会談し、史上最悪といわれる米中関係の緊張緩和を図ろうとした。

しかし、このときの習・ブリンケン会談は異常なものだった。

六月十九日午後、北京の人民大会堂。ブリンケンが会談の部屋に入ると、習近平は表情一つ変えずに仏頂面で握手をした。そして撮影が終わると早々に、中国の山地が描かれた巨大な絵画が掲げられた上座のほうに向かって歩き出し、一人で鎮座した。

一方のブリンケンは、「コの字」に並べられた下座に座らされ、外交を統括する王毅・中国共産党政治局員と向かい合った。

二十年間近く、米中両国の会談をつぶさに見てきた筆者にとって、前代未聞ともいえる席次だった。

習近平と歴代の米国務長官の会談を振り返ると、両国関係が良好だったバラク・オバマ政権下の国務長官、ジョン・ケリーのときには両国旗を並べて応接用の椅子を二つ横に並べた形だった。対中強硬に舵を切ったドナルド・トランプ政権下ですら、レックス・ティラーソン、マイク・ポンペオ両長官もこのスタイルだった。

歴代米国務長官の中で、ブリンケン長官への受け入れは「最も冷遇」しているといっていいだろう。

上座に鎮座した習近平は、低く野太い声で話し始めた。

「あなたが、王毅主任や秦剛国務委員と、長時間の会談を行ったことは聞いている」

このシーンを見た筆者は、一九七二年九月に日中国交正常化のために訪中した田中角栄首相が、毛沢東主席と会ったときのことを想起した。それまで周恩来首相と歴史認識などをめぐって激しくやりあった田中に対し、毛は「ケンカはもう済みましたか。ケンカして初めて仲良くなれるものです」と仲裁していた。

このときの毛のような振る舞いをブリンケンらの眼前ですることで、習は毛のような「絶対的な権力者」であることを内外に示そうとしたように筆者には見えた。

そして、習はこう続けた。

「大国間の競争は、時代の潮流に合致しない。中国は米国の利益を尊重し、挑戦したり米国に取って代わったりしない。同じように米国も、中国を尊重して正当な権益を損害してはならない。米国が理性的かつ実務的な態度で中国と向き合い、共に努力していくことを望む」

あたかも部下を諭すような上から目線で、米中関係の悪化の責任は「すべて米国にある」と言わんばかりの口調ともいえる。

そもそも、ブリンケンの訪中は二〇二三年二月に予定されていた。だが、その直前、中国が米本土上空まで「偵察(スパイ)気球」を飛ばしたことに米国側が不満を表明し、ブリンケン訪中をキャンセル。その後、米軍機が気球を撃墜したことに対して中国側は猛反発、米中関係は一気に緊張、悪化した。

習近平はブリンケンとの会談三日前の六月十六日に米マイクロソフト創業者のビル・ゲイツとも会談している。このときはいつもの横並びの椅子に腰かけ、終始にこやかに歓談していた。ブリンケンへの冷遇は明らかに意図的だった。

こうした習の「仕打ち」に対し、バイデンも即座に反応した。六月二十日、カリフォルニア州で支持者を前に演説した際、中国の気球を撃墜したことについてこう語った。

「習主席が激怒したのは(気球が)そこにあると知らなかったからだ。何が起きたかわからないのは、独裁者にとって非常に恥ずかしい」

中国のトップを「独裁者」と米大統領が公言することは異例だ。両国の時差を考えると、ブリンケンから会談の報告がバイデンに上がった直後のタイミングだった。怒りに満ちたバイデンによる習への「報復」とみていいだろう。

「冷遇」を承知で習近平に伝えたかったこと

はたして米政府側は、ブリンケン国務長官が北京において「冷遇」されることを事前に知っていたのだろうか。対中政策に携わる米政府当局者は次のように振り返る。

「中国側との事前協議で、厳しい交渉になることはわかっていた。それでも、我々が強く求めてきた習近平国家主席との会談ができた意義は小さくない。トップに直接、伝えることが重要だからだ」

ブリンケン訪中の最大の目的は、習近平との直接会談だったことがうかがえる。二〇二三年三月に三期目が本格始動した習政権は完全な「一強体制」を確立した。ブリンケン国務長官の交渉相手である秦剛と会談しても、トップと直談判をしなければ効果がない、というのがバイデン政権の判断だったようだ。

では、バイデンは「冷遇」を承知で、習近平に一体何を伝えたかったのだろうか。前出の米政府当局者は続ける。

「中国との軍事的緊張が非常に高まっており、前代未聞の危機が頻発している。衝突を回避するための『ガードレール』を構築する必要があることを、軍トップである習主席に直接伝えなければならないと判断した」

この当局者が「前代未聞の危機」と指摘するのが、二三年六月三日に起きた米中両軍によるニアミス事故だ。

台湾海峡を通過していた米海軍のミサイル駆逐艦「チャンフーン」の目の前を遮るように、中国海軍の駆逐艦が横切った。米インド太平洋軍によると、約一四〇メートルの距離まで接近した。当時の現場の状況を知る米インド太平洋軍関係者はこう明かす。

「チャンフーンの船長がベテランで技能が高かったため、危険を察知してとっさに減速したことで衝突が避けられた。私が知る限りで『最も危険なニアミス事故』だった」

先に紹介したように、その八日前の二三年五月二十六日には南シナ海上空を飛行していた米軍偵察機の眼前を中国軍の戦闘機「殲16」が横切る事件が起きている。

東シナ海・南シナ海周辺ではかつてないほど米中両軍の衝突のリスクが高まっているのだ。

「米中衝突やむなし」の意思表示

こうした中国軍の軍事行動について、「現場の独断」という見方もある。しかし、一連の行動は習近平が関与していた、と筆者はみている。

胡錦濤政権末期の二〇一二年、共産党に海洋権益維持工作指導小組が新設された。トップには国家副主席だった習近平が就いた。この小組のメンバーとして、外交を統括する国務委員のほか、軍、海警局などの高官が名を連ねている。中国軍の動向に詳しい日本政府当局者はこの小組について次のように解説する。

「南シナ海や東シナ海における軍事行動については、小組メンバーが現場の状況をモニターで監視しながら、無線で指示を出している。我が国の尖閣諸島に派遣されている監視船も小組の指示を受けている。かつて中国軍は現場が暴走して事故が頻発していたため、それを是正するために小組が統制するようになったとみている」

海洋権益維持工作指導小組は二〇一八年に廃止され、中央外事工作委員会に編入された。同委員会のトップを務める習が引き続き、一連の軍事行動を指揮しているとみるのが合理的だろう。

だからこそ、ブリンケンは中国軍トップの中央軍事委員会主席も務める習との直談判にこだわり、「異例の冷遇」を承知のうえで会談に臨んだのだ。

ところが、ブリンケンから衝突防止のための「軍同士の対話チャンネル再開」を提案したのに対し、習はこれを拒否した。こうしてトップへの直談判は水泡に帰した。

このことは、中国のトップ自らが「衝突やむなし」と判断したことを意味する。中国として、台湾併合を見据えて米国との妥協の意思がないことを内外に示したと言ってもいいだろう。

歴代の米政権は、中国に対して、「関与（エンゲージメント）政策」を採ってきた。経済支援や国際秩序への取り込みを通じて発展を促せば、中国の政治体制も変化して将来の民主化につながることを期待してきた。

しかし、ドナルド・トランプ政権は二〇一七年にまとめた国家安全保障戦略で、中国への関与政策を「その前提の大半が誤りだった」と批判し、強硬路線に転換した。

中国軍の動向に詳しい米シンクタンク、「戦略予算評価センター（ＣＳＢＡ）」のトシ・ヨシハラ上級研究員は、バイデン政権の対中政策について次のように指摘する。

「バイデン政権は中国に対して関与政策の幻想を抱くべきではない。『台湾有事』を含めた対中抑止を高めるには、対話ではなく力、つまり軍事力しかないとみたほうがいいだろう」

演習から一気に「台湾有事」展開も

では、米軍の「対中抑止」の最前線は今、どのような状況なのか。

筆者は二〇二三年七月半ば、沖縄県那覇市に出張した。中国と対峙する東アジア最大の米軍基地の動向を探るため、足を延ばして米軍嘉手納基地も訪れた。

透き通るような青みを帯びた空を横切るように、薄灰色の軍用機がひっきりなしに行き交っていた。米海軍の対潜哨戒機P‐8A「ポセイドン」の姿も確認できた。定期的に基地を訪問しているが、この日に飛行していた軍用機の数は、これまで見たことがないほど多かった。

その直後の台湾国防部の発表を見て合点がいった。

中国軍の艦艇一六隻が七月十四日、台湾を取り囲むように周辺の海域で軍事演習を実施した。艦船数としては最多で、ナンシー・ペロシ米下院議長（当時）の訪台後に実施した二二年八月の大規模演習を上回る規模となる。またこの日、空中では延べ一五機の中国軍機が台湾周辺を飛行し、うち三機が台湾の南西の防空識別圏（ＡＤＩＺ）に侵入した。

中国共産党系機関紙、人民日報系の『環球時報』によると、一連の演習は北部、南部の両戦区が合同で実施したもので、「台湾を包囲する能力を示すもので、台湾東岸での上陸を想定したものだった」と解説している。

その前日の七月十三日にも、中国軍の三〇機の軍用機と九隻の艦艇が台湾周辺で演習を実施している。二二年八月以降、台湾周辺で活動した中国軍機は五三〇〇機を超え、中国軍による台湾周辺での演習は、ほぼ連日行われている状況となっている。中国軍東部戦区司令部は「同戦区の部隊は常に厳戒態勢にあり、国家の主権と安全、地域の平和と安定を断固として守る」との声明を発表した。

これに対抗する米軍や台湾軍の動きも活発になっている。

米海軍によると、「ポセイドン」は七月十三日に台湾海峡の上空を飛行した。筆者が嘉手納基地で目撃したのも、中国軍の演習に関連した作戦行動の一環のようだ。

台湾軍も七月二十四日から五日間、台湾全土で中国軍による軍事侵攻を想定した軍事演習「漢光」を実施した。この演習について、台湾国防部報道官は「ロシア・ウクライナ戦争から教訓を得た内容で、あらゆる場所が戦争になり得る」とし、海岸部や港湾、空港の防衛のほか、反攻作戦も想定した訓練だと説明した。

台湾周辺をめぐり、中国軍と、米軍・台湾軍との対立が緊迫化してくると、両軍の軍用機や艦艇による衝突から有事に発展するリスクが高まる。中国軍が演習から台湾への軍事侵攻を一気に展開する可能性も否定できない。

にもかかわらず、こうした緊迫した情勢を日本メディアはほとんど伝えていない。こういう状況を知らないまま、「台湾有事」が起こるか、起こらないかという議論をしても意味はない、と筆者は考える。

実際の中国軍の軍事行動を緻密に観察して、その意図と能力を測ったうえで、習が勤務する、共産党中枢の奥の院である「中南海」の内部情勢を探ってその意思を正確に把握することが今こそ求められている。

太平洋を越えて共有される危機感

二〇二三年三月末には、米西海岸にあるサンディエゴ海軍基地を訪れた。

メキシコ国境に近いカリフォルニア州サンディエゴは温暖で、夏になると多くの海水浴客がやってくる。青い海と砂浜を進んでいくと、バカンスムードとは相いれない緊迫した雰囲気に包まれた一角が見えた。一面高いフェンスに囲まれていて、濃灰色の艦船が並んでいる。

サンディエゴ海軍基地には第三艦隊司令部があり、太平洋艦隊の母港でもある。米海軍の一〇隻ある空母のうち四隻の母港で、映画『トップガン』の撮影もこの近くで行われた。一三の桟橋には五〇~六〇隻の艦船が停泊しており、三万人前後の軍人や職員が勤務している。

通常、第三艦隊は、日付変更線から東側の太平洋を担当海域としており、米本土の防衛が主な任務となる。西側の太平洋は、一つの空母艦隊と艦船・潜水艦五〇~七〇隻を保有している第七艦隊（司令部・神奈川県横須賀市）が担い、中国や北朝鮮などと対峙している。第三艦隊は、第七艦隊をバックアップする〝補給基地〟の役割も担っている。

だが、南シナ海や日本周辺の情勢が緊迫してくると、第三艦隊も西太平洋一帯で展開する。東アジアの安全保障に危機が迫ったことを知らせる「炭鉱のカナリア」のような存在だ、と筆者は位置付けており、第三艦隊の艦艇の動向を日々観察している。

基地を訪問した目的は、「台湾有事」が現実化するなか、同艦隊の幹部らと直接、意見交換することだった。中国軍による台湾や南シナ海への軍事的圧力が高まっているこの数年、部隊の展開や作戦にどのように変化があったのだろうか。同艦隊幹部の一人に尋ねた。

「東アジアに派遣する船舶が急増しており、ミサイル駆逐艦を含めて複数の艦船が常時展開するようになった。今後さらに多くの艦船を東アジア地域に送ることになるだろう」

軍備増強を急ぐ中国軍に対抗するため、第三艦隊が第七艦隊との連携を強めていることがうかがえる。

幹部らとの意見交換後、筆者は最新鋭の艦艇内も見学する機会を得た。二〇二一年にお披露目され、二三年七月に就役した沿海域戦闘艦「キャンベラ」（排水量三二〇〇トン）だ。最高速度は時速八〇キロと米海軍で最速の艦船である。搭載する「ネイバル・ストライク・ミサイル」は、海面のすれすれを飛ぶ巡航ミサイルで、レーダーに探知されにくいため、敵の防空網をかいくぐることができる。

艦内に入ってまず驚いたのが船員の少なさだ。戦時の乗組員は七〇人前後。艦艇の「頭脳」である戦闘指揮所もコンパクトで艦長以下一〇人足らず。同規模の自衛隊艦艇よりも少ない。ヘリコプターが着艦できる甲板には無人機の複数の発射台が設けられていた。船体には、機雷を敷設できる無人潜水機が配備できるようにもなっていた。

艦内を案内してくれたマイケル・タイリー艦長はこう胸を張った。

「どの国のいかなる攻撃にも対抗できる最新かつ最強の兵器を備えている。まもなく東シナ海に向けて出航する」

台湾への上陸を試みる中国艦艇を撃破することを念頭に無人化を急ピッチで進めていることがうかがえる。

中国軍は二〇二三年四月八日から十日まで、台湾を取り囲むかたちでの軍事演習を行った。国産空母「山東」を含めた艦艇のほか、爆撃機や戦闘機が台湾海峡と台湾の北部、南部、東部の海空域で実施した。台湾海峡で中台それぞれの艦船約十隻ずつがにらみ合ったと伝えられ、事態は一気に緊迫している。こうした危機感は太平洋を越えて共有されつつあることを、基地訪問を通じて実感した。

元祖「戦狼外交官」の〝失脚〟

先鋭化する米中対立は軍事面だけにとどまらない。「煙の出ない戦争」といわれるインテリジェンスでも両国の諜報機関による熾烈な角逐があることを、ほとんどの人たちは知る由もない。

その犠牲者となったのが、中国の外交を仕切ってきた秦剛国務委員兼外相だった、と筆者はみている。その能力と忠誠心が習近平に認められ、出世の階段を駆け上っていたが、二〇二三年七月二十五日に外相を解任された。

筆者は秦剛と最も会話を交わした日本人の一人といっていいだろう。これまでの秦とのやりとりや経歴を振り返りながら、解任の舞台裏を探っていきたい。

秦と最初に対面で会ったのは、朝日新聞北京特派員として赴任した直後の二〇〇七年。秦は中国外務省の報道官として定例会見をしていた。他の報道官と比べて強い調子で、外国メディアの質問をバサバサと切り捨て、欧米諸国や日本のことも完膚なきまでに糾弾していたのが印象的だった。

元祖「戦狼外交官」と言っていいだろう。

その秦からしばしば「お茶」に誘われた。これは中国外務省の隠語の一つで、外国メディアの報道を〝指導〟するときに使われる。筆者が二〇〇八年の北京五輪前、中国の少数民族や人権活動家の弾圧について記事を書くたびに呼び出された。秦は表情一つ変えずに筆者に

「厳命」した。

「朝日新聞の歴代特派員は、我が国と良好かつ友好的な関係を築いてきた。あなたの蛮勇によって、先人たちの遺産を破壊するような愚行をしてはならない」

何とも、上から目線の態度に腹が立ったが、反論しても生産的ではないので、聞き流した。

その後、秦は駐英公使となり、二〇一一年に報道局長として戻ってきた。再会するとさらに居丈高な態度に磨きがかかっていたように感じた。筆者が中国軍をめぐるスクープや、中国共産党高官のスキャンダルを書くたびに、秦から「お茶」に誘われた。そして、ついに一二年末にはこう通告された。

「あなたの記事は、我が国に対して非友好的で、上層部も問題視している。このまま態度を改めなければ記者ビザは延長できなくなる」

記者ビザは一年ごとの更新で、失効したら中国での取材は続けられない。露骨な脅しだった。だが、記者としての言説や取材を曲げることはできない。筆者は翌一三年春、六年間務めた北京を後にした。

こうした秦剛の「戦狼ぶり」を、習近平は高く評価していたようだ。一五年に自らの外交活動を取り仕切る儀典局長に登用し、外遊に同行させた。二一年には駐米大使、二二年十二月に外相に抜擢すると、二三年三月には副首相級の国務委員に就けた。

まさに「習近平人事」の象徴ともいえる存在となった。

ではなぜ、習の「秘蔵っ子」ともいえる秦が、わずか半年ほどで失脚に追い込まれたのだろうか。ＳＮＳ上では、香港メディアの元キャスターとの不倫が原因だったとの情報が不自然なほど多く出ている。

しかし、そのようなプライベートの問題だけで、国家指導者である国務委員が失脚することはあり得ないと断言できる。過去にもある外相が不倫をしていたが、一切不問となっていることを筆者は知っている。

今回の秦の処分は、「国家の安全」にかかわる深刻な容疑がかけられているとみていいだろう。

中国外務省内の「権力闘争」説には疑問符

筆者は北京特派員時代、中国軍の空母建造計画をスクープしたほか、二〇一〇年にノーベル平和賞を受賞した劉暁波《りゅうぎょうは》（一七年死去）ら民主活動家を取材していた。そして特報を書くたびに、先述のように秦剛から「お茶」に誘われ〝指導〟を受けた。

秦と「お茶」を飲みながら感じたのは、会見時に見せた「戦狼外交官」ぶりよりも強硬姿勢だったことだ。言葉遣いは丁寧だが、他の報道官と比べて高圧的といえた。とくに米国に対しては、普段の冷徹な表情を一変させ、感情的に批判をすることが少なくなかった。

あるとき、その理由を秦剛に率直に尋ねたことがある。

秦によれば、外務省に入省する前、米ＵＰＩ通信社で現地スタッフとして働いていたそうだ。外国メディアの現地スタッフは、外国人記者の業務を補助しており、取材前の事前調査をしたり、取材に同行したりする。定期的に外国人記者の動きを中国当局に報告することが求められている。

「当時、一緒に仕事をしていた米国人特派員は常に色眼鏡で我が国を見ており、粗探しばかりしていた。欧米諸国はメディアを使って組織的に我が国を貶めようとしていることがよくわかった」

秦がＵＰＩ通信で働いたのが、一九八八年から四年余り。ちょうど八九年の天安門事件と重なる。

この事件は、米情報機関の策動によって引き起こされた、という見方が中国政府内では主流となっている。事件取材をめぐり、当時の秦剛とUPI通信の特派員との間で摩擦があったことは想像に難くない。こうした多感な青年期の米国に対する憎しみが、反米意識を形成していたように感じた。

今回の失脚事件が、「親米派」の秦剛が、「反米派」の王毅の一派に潰された、という分析をする日本の識者がいる。外相になる二二年十二月まで駐米大使を務めていたことをもって米国との関係が近いというのが根拠のようだ。

だが、この見方は正しくないと筆者はみている。秦が外務省のキャリアを通じて米国関係の業務に携わったのは、大使だった約一年半のみ。しかもこの間、秦はバイデン政権の高官らとは、ほとんど面会できていなかった。こうしたワシントン時代の体験を通じて、秦がさらに米国に反感を抱いたことは想像に難くない。

もう一つ、日本の一部の有識者が唱えているのが「権力闘争説」である。中国外交トップ、王毅共産党政治局員と秦剛の間に対立があり、失脚したというストーリーだ。

二人は長年、上司部下として習近平政権の「大国外交」を支えてきた。とくに、習が異例の抜擢をした秦に対し、他の高官が異議を唱えたり反対をしたりすることは、「習批判」につながりかねない行為となる。

習近平の「一強体制」下において、「闘争」は存在してはならないのだ。いまだに、一部の日本のメディアや専門家は、中国政治を「権力闘争」で分析している。この見方は、集団指導体制を敷いており権力闘争が苛烈だった胡錦濤政権までは有効であり、筆者が北京特派員時代に最初に日本メディアに持ち込んだ手法でもある。

だが、習近平「一強体制」下において、この手法は機能しないのだ。いまだにこの手法を使って強引に「分析」を進めた結果、「習近平VS.李克強」「習近平VS.曽慶紅《そうけいこう》」などといった根拠のない記事が広く信じられていることに違和感を抱かざるを得ない。

では、この事件の真相は何だったのか。筆者はより広い視野から分析する必要があるとみている。

「重大な規律違反」で取り調べ

秦剛国務委員兼外相が二〇二三年六月二十五日を最後に消息が不明となっていることについて、中国外務省は当初、「健康上の理由」と説明していた。しかし、筆者は七月十一日には自らのX（旧ツイッター）で、これを否定していた。

実はこの時点で、秦剛に対する共産党の調査が始まっていたことを、筆者は複数の中国政府当局者から確認していたからだ。

秦は、中国外務省ナンバー2、斉玉《さいぎょく》共産党委員会書記率いる特別調査チームに拘束され、取り調べを受けていた。斉は、習近平のルーツがある陝西省出身で、二〇一九年に中央組織部副部長から登用された。それまでイデオロギー工作をしており外交経験はない。不祥事が多発していた外務省の引き締めのために送り込まれた幹部だった。

部下である斉による調べが始まった段階ですでに、秦の解任は内定していたのだ。秦の容疑事実について、中国政府関係者は次のように解説する。

「重大な規律違反と法律違反の疑いで事情聴取されている。『国家の安全』に関わる深刻な容疑も浮上したようだ」

「重大な規律違反」とは、巨額な汚職やスパイなどの犯罪に使われる。「国家の安全」に関連するということは機密情報の漏洩などの可能性が高い。秦は二〇一五年から二年余り、外務省儀典局長として習近平の外遊には同行しており、トップの健康状態や外交上の機密情報を知りうる立場にいた。こうした情報が流出したとなると、習近平政権にとってはダメージとなりかねない。

米情報機関の「逆襲」が始まった

筆者がなぜ、この秦剛の解任にこだわるのか。それは、この事件が中国国内の不祥事にとどまらず、近年激化している「米中対立」に深く関係しているとみているからだ。実は、そのヒントとなる米政府高官の発言が、秦の解任発表の直前、二〇二三年七月二十日にあった。

「私たちは進展を遂げた。最近では他の方法で入手できる情報を補完する強力なヒューミント（人による情報収集活動）を確保するために懸命に取り組んでいる」

米CIA（中央情報局）のウィリアム・バーンズ長官は、コロラド州で開かれた会合で、中国における諜報能力の向上についてこう強調した。

このバーンズの発言には伏線があった。二〇一〇年から一二年にかけて、中国にいた十数人のCIA協力者が、中国国家安全省によって拘束されて処刑された。一部は国家安全省内の敷地内で銃殺され、見せしめとして館内放送で流されたという。この事件を知る元CIA

幹部は、筆者に次のように証言する。

「中国の重要な情報をもたらしてくれる協力者を失った。ＣＩＡによる中国の情報収集能力は壊滅的なダメージを負った」

この元幹部によると、香港出身で米国籍を持つ元ＣＩＡ職員のジェリー・チャン・シン・リーによる情報漏洩がきっかけだった。リーは対中インテリジェンスに携わっており、ＣＩＡの協力者の取りまとめをしていた。東京でも勤務したことがある。

リーは、中国国家安全省の当局者から数十万ドルをもらう見返りに、ＣＩＡの工作員や協力者の本名や特殊な通信方法を漏らしていたのだ。米国の裁判所は一九年十一月、一連の起訴事実を認定して、リーに禁錮十九年の実刑判決を言い渡した。

この反省から、バーンズは二一年十月、ＣＩＡ内に「中国ミッションセンター」を新設し、中国国内のスパイ網の復活を目指してきた。バーンズが「進展」と評価したことは、ＣＩＡの対中インテリジェンスを立て直しつつあることを裏付けているのだろう。

そのターゲットの一人が秦剛だった。元祖「戦狼外交官」ともいえる対米強硬派の秦は、二一年七月に駐米大使に就任してからも、バイデン政権の当局者とは距離を置いてきた。

前出の元ＣＩＡ幹部は続ける。

「ワシントンの関係者の間では、秦剛氏は『踊りを知らない外交官』と揶揄《やゆ》されていた。米政府幹部との接触や社交場に顔を出すことがほとんどなかったからだ。警戒した情報機関が、秦氏のワシントン着任後から二十四時間、動向を監視していたようだ」

この証言を聞いて、秦剛の経歴についての疑惑を思い出した。秦が一九八八年に卒業した国際関係学院は国家安全省とつながりがあり、優秀な諜報員を輩出している。同学院出身の秦は、外交官ではなく諜報機関の系列の人物だった可能性がある。少なくとも同学院時代に諜報の基礎を学んでいたことは確かと言えよう。

この証言を裏付ける経験を筆者もしている。

二〇二二年十一月にワシントン出張した際に面会した対中政策に関わる米政府当局者から、ある女性のツイッターを見せられた。秦剛の不倫相手と噂された香港フェニックステレビの元キャスター、傅曉田《ふぎょうでん》のアカウントだった。この当局者は筆者に次のように尋ねた。

「我々は今、秦剛氏の身辺について調査している。あなたは北京時代に秦氏と付き合いが深かったはずだ。どんなプライベートなことでもいいので教えてもらえないか」

唐突な質問に筆者は少し驚いた。このとき、秦剛はまだ駐米大使をしていた。その翌月になって、秦が外相に抜擢された。秦が外相になることを見越して、米政府が情報収集に動いているのだと後に気づいた。

ちょうどこのとき、傅曉田は男児を出産している。傅のアカウントとみられるインスタグラムには、ロサンゼルスの高級ホテルの玄関で、白いドレスに赤いガウンコートを羽織った傅が映っていた。同じ投稿には、黒いタキシードを着た秦の写真もあった。そして、キャプションにはこう短く書かれていた。

「二〇二二年二月二十四日、私たちにとって歴史的な日」

なんとも意味深な投稿といえる。続く二三年三月四日には、プール付きの豪邸の前で傅が新生児を抱いて、初老の男女と一緒に写っている写真が投稿されており、キャプションには次のように記されていた。

「赤ちゃんの百日目！」

中国メディア関係者によると、傅は独身のまま米国で暮らしている。インスタグラムの投稿を照らし合わせると、傅は秦と関係を持ち、未婚のまま男児を出産していた事実が浮かび上がる。

ここで傅曉田の経歴について振り返る。中国・重慶で一九八三年に生まれた。曾祖父母とともに中国共産党軍として革命戦争に従事しており、両親とも中国軍にいたことがある。北京大学経済学部と北京語言文化大学英文科を卒業し、二〇〇七年に英ケンブリッジ大で修士号を取った。〇九年からフェニックステレビのロンドン支局で働いており、秦の駐英国大使館公使時代と重なっている。一二年からは香港でキャスターとして活躍し、ブラウン英首相やケリー米国務長官のほか、安倍晋三首相にも単独インタビューをしたことがある。

先述した「重大な規律違反」とは、どのような容疑だったのだろうか。中国政府の内情に詳しい中国共産党関係者は次のように解説する。

「二つの問題がある。傅暁田との間に生まれた男児は、米国の代理母制度を使って出産しており米国籍を持っていることが発覚した。外交トップが米国籍の子供を持っていることを問題視された。さらに傅自身が英国留学時代から英情報機関と関係を持っており、秦剛が持っている情報が英側にリークされたことも重大な規律違反と認定されたのだ」

こうして一連の事件を振り返ると、秦剛に関する身辺情報を米情報機関が早い段階から事前に調査をしていたことがうかがえる。外相になってわずか半年余りで失脚したとなれば、習近平の任命責任にも発展しかねない。中国共産党にとっては痛手となる事件だった。

これが、前述のバーンズによる対中インテリジェンスの「進展」の一つなのだろう。十年余り中国側に後れをとってきた米情報機関による「逆襲」が始まった、と筆者はみている。

それを裏付けるように、中国側も早速、報復に出ている。

中国国家安全省は二三年八月二十一日、ＣＩＡに情報提供をする見返りに金を受け取っていたとして中国政府幹部を取り調べていることを明らかにした。この幹部は日本に留学中、駐日米国大使館で勤務していたＣＩＡ当局者と接点を持ったという。こうしたスパイ事件を中国国家安全省が公表することは極めて異例で、「米国への反撃」とみていいだろう。

米中対立の激化は、諜報の世界にも波及している。秦剛は「煙の出ない戦争」といわれるスパイ戦争の「犠牲者」になったのだ。

そして対中強硬派の失脚によって、どん底まで堕ちていた米中関係だが、改善に向けた歯車が動き出すことになる。

対中関係改善に傾斜するバイデン米政権

このように激化する米中対立に、両国の首脳はどう対処しようとしているのか。

二〇二三年十一月十五日から米サンフランシスコで、アジア太平洋経済協力会議（ＡＰＥＣ）首脳会議が開かれた。一九九三年に米国で初開催されてから三〇回目となるこの会議が、今回ほど注目されることはなかっただろう。

焦点は会議そのものではなく、期間中にジョー・バイデン米大統領と中国の習近平国家主席との首脳会談が行われるかどうかだった。バイデン政権が二〇二一年一月に発足後、中国と対立を深めており、これまで両首脳が対面で会談したのは二二年十一月のインドネシア・バリでの二〇カ国・地域（G20）首脳会議のときだけだった。

中国の外交トップ、王毅・共産党政治局員兼外相は二三年十月末、ワシントンを訪れて、バイデンやアントニー・ブリンケン国務長官と相次いで会談した。王は、首脳会談の実現について、「平坦ではなく、『自動運転』に頼ることもできない」と語った。

だが、複数の米政府関係者によると、両国政府はこの段階ですでに、APEC期間中に首脳会談を実施することで内々に合意していたという。

伏線はあった。

筆者は二〇二三年九月末、ワシントンに出張してバイデン政権関係者らと意見交換をした。もっぱらの話題は、米中首脳会談に関するものだった。二二年十一月に訪問した際には、台湾有事や対中半導体規制など強硬一辺倒だったが、今回は対話モードにシフトしていることを感じ取った。

背景に何があったのだろうか。対中政策に携わる米政府当局者の解説はこうだ。

「二〇二三年に入って中国軍の軍用機と船舶による、我が軍に対する軍事行動が強硬になっていることが一因だ。中でも台湾周辺での活動が非常に活発になっている。習主席が無謀な行動に出ないように、大統領自らが説得する必要があるからだ」

先述の通り、東シナ海や南シナ海の上空を飛行する米軍機に対し、中国軍による危険行為が急増している。とくに最近は、米軍機に数メートルまで中国機が接近するなど、衝突寸前の事態が発生している。

こうした中国側の行為について、首脳会談を見据えて米側に「チキンゲーム」を仕掛けたと筆者はみている。会談で米側から譲歩を引き出すために、中国軍があえて危険行動をとっているのだ。

バイデン政権は「紛争を避けるための責任ある形での競争管理」（ジェイク・サリバン大統領補佐官）の必要性に迫られ、首脳会談を切望していたのだ。

確かに今、中国軍の全権を握っているのは、中央軍事委員会主席も兼ねる習近平であり、直接、衝突回避を申し入れる意義はあるだろう。だが、会談をしてもどれほど効果があるかは疑問符が付く。

中国側は首脳会談で米側から有利な条件を引き出すため、あえて危険な軍事行動をしている、と筆者はみている。最近の中国軍の動向を観察していると、重要な会談の前に相手国の軍に対し、軍事的な挑発をするケースが増えているからだ。

「歩み寄り」も結局、振り出しに戻っただけ

二〇二三年十一月十五日に実施された米中首脳会談で、習近平とバイデンの双方は衝突回避に向けて、軍同士の対話再開で合意するなど、歩み寄りを見せた。二〇二四年十一月の米大統領選を見据えて、バイデン政権は会談の成果を喧伝しており、早速一部の専門家は会談を評価する論評を出した。

だが、こうした楽観論に、筆者は疑問を抱かざるを得ない。

そもそも、両軍間の対話を遮断したのは中国側である。インド太平洋軍司令官のジョン・アキリーノ海軍大将によると、米側はこの二年半、危機回避の対話を求めてきたが、中国側は拒絶していたという。

つまり、今回の首脳会談の「成果」と強調する「軍同士の対話再開」は結局、振り出しに

戻ったに過ぎないのだ。

合成オピオイド（麻薬性鎮痛薬）「フェンタニル」の問題でも同じことがいえる。末期のがん患者の苦痛を緩和するために開発された薬だが、米国では若者を中心に過剰摂取が問題になっている。大半がメキシコのマフィアから密輸されたものだが、原料を供給しているのが中国だ。

二〇一九年、当時のトランプ政権の要求で、中国政府はフェンタニルの輸出規制を強めた。だが、二二年八月、ナンシー・ペロシ米下院議長が台湾を訪問すると、中国政府は規制担当の交渉ルートを閉ざした。

今回の会談で、フェンタニルの製造と輸出を中国が取り締まることで合意したが、これも一年前の状況に戻ったに過ぎない。

もちろん、両国間の緊張が緩和されたことは意義がある。ただ、「成果」を強調し過ぎるのは危険だろう。

習近平がバイデンに投げた「くせ球」

そして何よりも、最も重要な台湾問題をめぐりバイデン政権は決定的なミスを犯している。台湾問題について、習近平はバイデンにこう警告した。

「米国は台湾を武装することをやめ、中国の平和的な統一を支持すべきだ」

この「平和的な統一」というのがポイントだと筆者は考える。米政府の立場は「平和的な解決を期待している」というのが公式見解となっている。米側のいう「平和的」とは、中国と台湾の双方が同意したうえで、統一に向けた話し合いをすることを指している。

だが、習近平が指摘した「平和的統一」とはまさに、劉明福が指摘した「新型統一戦争」のことを指しているのだ。つまり、台湾周辺における軍事演習や「臨検」によって「封鎖」してエネルギーや資源を枯渇させる形で、台湾当局を「対話」に引きずり出す手法である。

習近平は、「平和的」をめぐる米中双方の見解の違いを見据えて、バイデンに「くせ球」を投げたのだ。

同席した関係者によると、バイデンはしばらく黙って、隣にいたブリンケン国務長官に回答を委ねた。ブリンケンも回答をしなかったという。習近平の意図を米側が理解していなかったのだ。

その証左として、会談後、バイデンにアジア政策について定期的に助言をしている米政府関係者から習の「平和的統一」の意味について筆者に問い合わせがあった。

本来ならば、バイデンは首脳会談の場でこう即答すべきだった。

「習主席、あなたのいう『平和的統一』とはどのような定義なのか。我が国は台湾に圧力をかけて強制的に『対話』に応じさせるようなことは断じて認めない」

だが、バイデンが何も回答しなかったことは、習近平による「平和的統一」を事実上認めたことを意味する。これは、バイデン政権の痛恨の失点だったと言わざるを得ない。

こうしたバイデンの対応を見た習近平は、中国が画策する「新型統一戦争」に対する理解も準備もできていないことを見通したことだろう。これにより、習近平は台湾併合にさらに自信を深め、行動に移す可能性が高まった、と筆者はみている。

そしてもう一つ、バイデン政権の理解が欠けている点がある。

「米中対立が融和に向かえば台湾問題も緩和される」という見方だ。実際に今回の米中首脳会談後、米経済界は「台湾有事が緩和された」とみて、株価が一時上昇した。

だが、この分析は完全に間違っている。そもそも、今回の首脳会談で台湾問題をめぐる双方の意見は平行線のまま。しかも仮に、米中関係が緩和されたとしても、台湾問題が好転するわけではない。

いや、反比例する可能性すらあるのだ。

中国は、台湾を「不可分の領土」だと主張する。つまり台湾問題は中国国内の問題とみなしており、対米関係が変数にはなり得ない。むしろ米国との関係融和が進めば、中国側が米国による台湾有事への参戦の可能性が下がったとみて、併合に向けて動く可能性がある。

この一年余り、中国軍による台湾周辺での軍事演習は常態化している。習近平政権が着々と悲願の「統一」に向けて駒を進めていくのは間違いない。

二〇二四年、米国は「政治の季節」に入った。米国民の関心が内向きになることで、東アジアに「力の空白」が生まれたと習近平政権が判断すれば、いつでも行動に出るリスクがある。

こうした米中関係のダイナミズムとリスクについて、「台湾有事」の最前線にいる日本は自覚し、早急に対策を打たなければならない。

第4章

台湾有事で巻き込まれる日本

――次々と浮かび上がる日本の課題

日本と自衛隊が抱える課題

日本政府は二〇二三年一月、防衛費を二〇二七年度に国内総生産（GDP）比二％に増額することを決めた。特定の官庁の予算が、これほど短期間のうちに二倍近くになった例は戦後初めてのことだろう。二二年十二月には、防衛力強化に向けた「国家安全保障戦略」など三つの文書が改定され、反撃能力を含む防衛力の抜本的強化を実施していくこととなった。いずれも、戦後日本の防衛政策における大転換といえる決断だろう。政府だけでなく、危機感をもっていた国民の間にも安全保障に対するある種の安心感が生まれつつあるように見える。だが、はたしてこれだけでよいのだろうか。

今回の防衛費増額においては、「総合的な防衛体制の強化に資する経費」という新たな概念が打ち出されたのが特徴といえよう。防衛費以外の予算――たとえば、海上保安庁予算（国交省）、防衛に役立つ研究開発費・公共インフラ整備費（文科省、経産省など）、防災・減災、国土強靭化経費（国交省）など、直接は防衛力整備に結び付かない予算が多く計上されており、防衛省単体の予算だけを見れば単純な倍増を意味するわけではない。

改定された戦略三文書についても、あくまで政策文書に過ぎず、これをどのように実現していくかが重要といえる。防衛省・自衛隊が、事業計画を立て予算取得をし、契約を結んだうえで生産された装備品を部隊配備し、教育訓練を経て、初めて我が国の防衛力となる。

そして、仮に三文書の内容通りの防衛力整備が実現したとしても、いざ有事のときに国家全体が一体となって防衛作戦を実施し、国土や国民を守り抜くことが本当にできるのか。それを具体的に検証したシミュレーションは、じつはまだ存在していない。

こうした問題意識のもとに、筆者が主任研究員を務めるキヤノングローバル戦略研究所は二〇二二年七月、「ポスト・ウクライナ戦争の東アジア国際秩序」と名付けた研究会を立ち上げた。

同研究会では、防衛、外務、経産、国交など各省庁の一線で活躍する現役の当局者をコアメンバーに、大学教授や各省庁の幹部らを招いて計八回の議論を重ねた。ロシアによるウクライナ侵攻は、国際秩序にどのようなインパクトを与えたのか。日本を取り巻く東アジア情勢には、どのような影響をもたらすのか。現状の情勢を分析しつつ、将来を俯瞰《ふかん》してきた。

とりわけ研究会で議論の焦点となったのが、台湾有事についてである。二〇二三年三月に異例の三期目に突入した中国の習近平政権は、台湾に対して強硬姿勢を打ち出しており、連日のように台湾周辺で軍事演習を展開している。

これに対して米国の政府や軍も危機感を高めており、習政権の三期目が事実上終わる二〇二七年までに脅威が顕在化するとの見解は一致しつつあるようだ。だからこそ、研究会では日本にとって最大の脅威となりうる台湾有事を見据えたうえで、自衛隊の装備や法制度をはじめ、日本全体が抱える問題点について、現場の観点から議論を重ねてきた。

本提言は、約一年間にわたる研究会の議論をもとに、我が国の防衛力を真に高めるためにどうすればよいか、どのような障害があるのか、その障害を乗り越えるうえでどのような課題があるのか、浮き彫りになった問題点を提起することを目的としている。

「机上の空論」とならないよう、「中国人民解放軍が台湾併合を目指して軍事侵攻に乗り出した」というシナリオをもとに、日本や自衛隊が抱える課題を洗い出して検証していきたい。

シナリオ――二〇二X年五月、中国軍は台湾にミサイル攻撃を開始。台湾軍の主要施設やインフラなどが破壊された。中国軍は艦艇を派遣して台湾を事実上封鎖し、上陸作戦を始める。これに対し、台湾陸軍は応戦し、米軍も東アジアに展開を始めた。日本周辺でも情勢が緊迫する。

1 「事態認定」で戸惑う政権（台湾海峡の緊迫化）

【中国と台湾は交戦状態となったが、米軍は中国と直接交戦をしておらず、情報・兵器提供などで台湾を支援（ロシア・ウクライナ戦争と同様のスタンス）。日本政府は重要影響事態へ移行し、米軍を後方支援することとなった】

中国と台湾の衝突の激化につれ、日本各地でインターネットの接続が不安定になる。企業や官公庁のホームページにはアクセスできなくなり、「台湾独立勢力と敵対勢力に死を」などと中国語で改竄《かいざん》された文字が躍る。

水道や電気の供給に障害が頻発し、鉄道・航空のダイヤは大幅に乱れ、病院の集中治療室（ＩＣＵ）では十分な手術ができずに死亡する患者が続出。金融取引障害（銀行、株、為替）が発生したことで、株・為替は軒並み暴落し、日本の経済活動は麻痺した。

台湾に近い南西諸島では、事態はより深刻だった。ネットや電話が一切通じなくなったのだ。これは南西諸島をつなぐ海底ケーブルが中国船籍の船舶に切断されたことが原因だった。島の発電所や通信施設、自治体庁舎、警察署などが正体不明の数百人によって襲撃され、死傷者も出た。

日本の経済活動は危機に瀕し、国民生活が大混乱に陥っているにもかかわらず、日本政府や自衛隊の対応は鈍い。「事態対処法」に基づく「武力攻撃事態」はおろか、その前段階の「武力攻撃予測事態」すら認定できなかった。

実際に各地でインフラや庁舎への破壊活動が行われているにもかかわらず、政府は「たんなる犯罪やテロなのか、または我が国を攻撃する意図をもって実施しているのかが明確でなければ事態認定はできない」と説明するにとどまった。

各メディアの報道によれば、一部の閣僚は「現状で『武力攻撃予測事態』だと認定できる」と主張しているものの、複数の政府高官や与党幹部らが「事態認定をすることで中国を刺激することになる」「事態認定は国会で説明できる客観的な証拠がそろってから実施すべきだ」と、消極的な意見が相次いでいることが原因だという。

「このまま日本が武力攻撃を受けたらどうするんだ。こんなにも国家基盤がボロボロの状態で、我が国は戦えるのか」

国民からは、政府の対応に強い不満と不安の声が巻き起こった。

事態認定の遅れは、自衛隊の配置にも深刻な影響をもたらした。自衛隊は通常態勢で、それぞれの所属する駐屯地や基地で作戦準備をしている。冷戦期に創設された自衛隊は、旧ソ連への脅威を念頭に北方防衛を重視した配置になっていた。数年前から部隊配備を南西方面にシフトしているものの、まだ不完全な状況だ。

したがって台湾有事で自衛隊が戦力を発揮するには、北から南西方面への人員や物資、装備の大規模な移動が不可欠だ。ところが「武力攻撃予測事態」が認定されていないため、全国規模での機動展開を始めることすらできなかった。

問題の背景

「武力攻撃予測事態」という概念は「武力攻撃事態」とともに二〇〇三年の有事法制整備で生まれた。「武力攻撃予測事態」とは、「武力攻撃事態には至っていないが、事態が緊迫し、武力攻撃が予測されるに至った事態」のことであり、「武力攻撃予測事態においては、武力攻撃の発生が回避されるようにしなければならない」とされている。これは日本がみずから戦争を起こすということではなく、万全の準備を整えることで相手に攻撃を断念させようという意味である。

当時はまだ冷戦の影響が残っており、日本への武力攻撃は大規模な上陸や航空攻撃、ミサイル攻撃など、攻撃の兆候があり、事前に予測できるという前提で考えられていた。それから二十年が経ち、兆候なしで発射できる多数の固形燃料ミサイルをはじめ、発信元の特定ができないまま大被害を受けるサイバー攻撃、戦争状態に発展せずに平時のまま侵食される「ハイブリッド戦」など、日本はまったく新しい脅威に直面するようになった。つまり、現代のサイバー攻撃やハイブリッド戦では、敵が誰なのか、何のために攻撃や破壊活動をしているのか、不明確なことがほとんどなのだ。

事態認定が難しいのは、「武力攻撃事態」や「存立危機事態」のような深刻度が高い状態よりも、むしろ「武力攻撃予測事態」だといえる。予測事態の認定は、ミサイルが着弾して被害が生じたなどといった客観的な結果が見えない状況で判断しなければならないからだ。

ロシアが二〇一四年にクリミア併合をした際も、緒戦のグレーゾーンの段階で「リトル・グリーンメン」と呼ばれる徽章《きしょう》も付けずに覆面を被った正体不明の兵士が空港や軍事基地を占領・封鎖したが、武力行使をしなかったため、ウクライナ政府が手を出せないままクリミア半島を占領されてしまった。

また、自衛隊の態勢が整わない段階で敵が大規模な奇襲攻撃をかけてきた場合、日本政府は「武力攻撃予測事態」を飛ばして、即座に「武力攻撃事態」を認定することになる。認定には原則として、国会承認が事前に必要だが、緊急時は事後承認となっているため、閣議決定に続いて防衛出動命令という段階を踏むことになる。だが命令が下されてそれを受け取るまでは、自衛隊の部隊は武力行使ができない。

いずれの判断も、政治決断にかかっている。政治サイドが「事なかれ主義」に陥らず、反対意見に押し切られずにリーダーシップを発揮し、適切なタイミングで事態認定の判断を下すことが、被害を最小限に抑えることにつながる。

ただ、日本は戦後一度も事態認定をしたことがないため、政治サイドにとどまらず、国民の間にも躊躇があるのも事実だ。それが見えない「障壁」となるのが現状なのだ。肝心の担当閣僚すら、事態認定の訓練やシミュレーションをしたという話は聞こえてこない。

政府内の議論や準備状況に鑑《かんが》みると、予測事態を認定して国家全体を準戦時に移行させることで、戦争勃発を防ごうとするリーダーシップが発揮されるかどうかは心許ない。

いくら戦略三文書によって自衛隊が優れた装備品や反撃能力を獲得したとしても、対応が後手に回ってしまっては十分に能力を発揮できずに終わってしまう。グレーゾーンにおける的確かつ迅速な政治判断こそが、戦争を抑止することができるのだ。

2 国民保護①（開戦前夜）

【台湾は中国の攻撃に応戦しているものの、戦力の差は歴然で、劣勢に傾きつつあった。だが、米国は引き続き台湾に対しては武器や装備の支援にとどまっていた。しだいに中国側の攻撃はエスカレートして、台湾側の敗北が濃厚になってきた。在日米軍基地や自衛隊の駐屯地・基地への攻撃も予想され、事態はさらに緊迫化する】

中国軍は台湾の主な基地のほか、空港や港などを巡航ミサイルや爆撃機を使って破壊し、断続的に攻撃を続けた。台湾軍は東岸の岸壁をくり抜いてつくった地下格納庫に待機していた戦闘機が応戦したものの、日に日に劣勢となった。中国軍が発射したミサイルの一部は南西諸島の排他的経済水域（ＥＥＺ）に頻繁に着弾し、避難を求める声が住民から上がった。

沖縄をはじめとする南西諸島の約一五〇万人の住民を、どのように本土に輸送すればいいのか。政府と自治体が協議を始めた矢先に、双方の主張は対立した。

政府は「要避難地域や避難先地域の指定はするが、具体的な避難方法や住民の誘導などは自治体の責務だ」と主張した。一方で自治体側は「我々は避難の実施要領をつくっておらず、政府が住民の受入地域や避難手段を調整すべき」と訴えたことで、責任の押し付け合いに終始した。

台湾情勢の悪化を受けて、政府と自治体が共同で対処することになったが調整は難航した。東日本を中心とした防災用広域避難場所を一時的に避難先にすることになったものの、それでも圧倒的に不足していた。

「うちの住民は避難させなくて大丈夫なのか」。南西諸島の状況を見た九州の各自治体の担当者から、政府に問い合わせが殺到した。だが、窓口となった総務省の担当者は「要避難地域の指定については、内閣官房に尋ねてくれ」と返答。続く内閣官房の担当者は「戦況の推移次第となる。状況については防衛省に尋ねてくれ」とたらいまわしに終始した。誰もみずからの責任で判断することをせず、右往左往するばかりだった。

避難のための輸送手段の確保についても、議論が紛糾した。当初、自治体は民間の船舶・航空会社に住民の輸送を打診したが、「南西諸島周辺の情勢が危険なので、派遣はできない」と各社から断られた。

そこで残された手段は、自衛隊のアセットを使うことだった。各自治体が防衛省に要請した結果、作戦準備のため兵員・物資などを南西諸島に輸送したあと本土に戻る自衛隊の輸送機や輸送艦を使うことが決まった。

ただ、輸送できる人数は限られていた。主力のC-2輸送機で一〇〇人ほど、海自輸送艦も最大で一〇〇〇人が限界だった。さらに、家財道具をもち出して避難しようとする住民や、逆に避難を拒む住民も続出して現場は大混乱となった。

そもそも、自治体の職員のみで数十万人の住民を誘導することに無理があった。役所の職員のほか、警察や消防、さらには休校となった学校教員までもが動員されて避難活動にあったものの、統制がとれず、人数も車両も足りなかった。

そこで、各自治体から自衛隊に対して国民保護活動を担うように要請が相次いだ。防衛省は普段から「予測事態における国民保護に全力を尽くす」と説明していたので、自治体からの期待感は高まっていた。

そこで、自衛隊内で国民保護活動の人員や装備を確保しようとしたところ、予測事態認定を受けて作戦活動と機動展開に忙殺されていた現場から「国民保護どころではない」という声が続出し、ほとんど対応できなかった。

これに対し、各自治体からは「災害派遣はいつもやってくれるのに、なぜ肝心の国民保護はできないのか」「太平洋戦争に続いてふたたび沖縄の人々を犠牲にするのか」などと批判が相次ぎ、記者会見で公然と自衛隊批判を展開する首長が現れた。ＳＮＳ上でも「いざというときに国民を守るのが、自衛隊の任務ではないのか」「防衛費を上げたのに、役に立たない自衛隊に失望した」など、非難の声が上がった。

3　国民保護②（開戦後）

【台湾単独での戦闘を続ければ、降伏は時間の問題とみた米国は参戦を決め、中国軍と交戦を開始。日本政府は「存立危機事態」を認定し、自衛隊に防衛出動命令が下された】

沖縄本島では、自治体がかき集めたバスで不十分ながら住民避難が始まった。那覇空港につながる道路では大渋滞が起きて、空港内も避難民でごった返していた。

こうしたさなか、台湾をめぐって米中両軍の交戦が始まった。これを受けて、日本政府も「存立危機事態」を認定した。中国から日本に向けて数百発の弾道・巡航ミサイルが一斉に発射されたのは、その直後のことだった。標的となったのは、在日米軍基地をはじめ、自衛隊駐屯地・基地や民間空港、港湾、幹線道路などである。

飛来したミサイルのうち、一部は自衛隊のミサイル防衛システムで迎撃したものの、飽和攻撃には対応しきれず、その多くが着弾して大きな被害が出た。この攻撃によって、政府は「武力攻撃事態」を認定した。

ミサイルは避難民が押し寄せていた那覇空港にも複数着弾し、ターミナルや搭乗ゲートにいた住民に多数の死傷者が出た。日本政府は「罪のない民間人を狙った違法行為」として中国の対応を非難した。

これに対して中国国防省報道官は「『住民と軍を分離しなければならない』という国際人道法の原則を無視した日本側の問題だ。責任は『人間の盾』として住民を利用した日本政府と自衛隊にある」との声明を出した。那覇空港は自衛隊の那覇基地との共用で、戦時には合法的な軍事目標となりうるため、中国側の声明は日本が抱える矛盾点を突くものだった。

中国のミサイルによって、空港施設や滑走路が修復不能になるほどの被害を受けたため、沖縄県は空路での住民避難の中止を決断し、海路での避難に切り替えることにした。

すでに南部にある主要港や軍港はミサイル攻撃によって使えなくなっていたため、生き残った住民は主要道路がミサイル攻撃で不通になっているなか、やっとの思いで中部の漁港に到着した。岸壁から小舟で沖合に停泊する輸送艦に住民をピストン輸送し、本土に向けて出航した。

だが、輸送艦は奄美大島沖を航行中、中国軍の「空母キラー」と呼ばれる弾道ミサイル「DF21D」が命中したことで沈没した。避難住民の多くが犠牲となったこの事件は、一九四四年に沖縄から疎開する学童約八〇〇人などを乗せて九州に向かう途中に米潜水艦に攻撃されて沈没した「対馬丸《つしま》」の事件を想起させる悲劇となった。

一方、避難できなかった住民が頼りにしたのがシェルターだった。沖縄県内に六カ所しかない地下避難施設には多数の住民が殺到したが、ほとんどが入れなかった。運よくシェルターに逃れることができた住民たちもミサイル攻撃の犠牲となった。シェルターには空気や水の浄化装置やトイレすら備わっていないため、地上と行ったり来たりする避難生活を余儀なくされ、その間にミサイル攻撃を受ける市民が後を絶たなかったためだ。

しかも、ほとんどのシェルターは、核や生物化学兵器の攻撃から防護する装置が備わっておらず、ミサイルが直撃した際の被害を防ぐだけの、十分な厚さの鉄筋コンクリートでもなかった。沖縄を中心に多数の民間人の犠牲を出したことから、「沖縄戦の再来」などと、政府と自衛隊への批判が噴出した。

■問題の背景

二〇〇四年に国民保護法が制定されて以来、国民保護に関する訓練は全国で実施されている。だが、自治体が企画する訓練のほとんどが「テロリストがデパートに爆弾をしかけた」など緊急対処事態をシナリオとしたもので、戦争を前提としたものは実施してこなかったのだ。

ただでさえ戦争が起きると大混乱が生じる可能性が高いのに、そもそも訓練すらできていない状況で政府や自治体が対処できないのだから、国民はただ戸惑うばかりだろう。しかも、訓練は繰り返されることで精度が上がるものであり、一度実施すればそれで終わりというものではない。日ごろからの備えの不足が避難の遅れや停滞につながり、犠牲者を増やすことにつながるのだ。

台湾有事が現実化するなか、いつ誰が、どのような訓練をするかという計画を策定し、南西地域を中心とした国民と一体となった訓練を複数回実施する必要がある。その際には、上手くいくことを前提とした図上訓練だけでは済ませず、できるだけ現実に即したかたちでの実動訓練も実施すべきだろう。

次にシェルターについては、台湾有事の際に最も戦場に近い沖縄県に地下避難施設がほとんど存在しないことが深刻な問題といえる。シェルターとはいえないような地下避難施設をすべて含めても、沖縄県内に六カ所しかない。そのうち五カ所は沖縄本島にあり、先島諸島は石垣市役所の一カ所だけである（出典：「沖縄県避難施設一覧〈二〇二二年四月一日現在〉」、内閣官房国民保護ポータルサイト）。

日本全体で見ても、シェルターの整備は進んでいない。現在の地下避難施設は、公民館地下や地下駐車場という収容人員数も堅牢さも十分でないものばかり。核攻撃に耐えられるシェルターに絞ると、ほとんど整備されていないのが実情だ。

NPO法人「日本核シェルター協会」によると、核シェルターの普及率はスイスとイスラエルが一〇〇％、米国八二％、英国六七％に対し、日本はわずか〇・〇二％に過ぎない。ロシア軍からの攻撃から市民を守るキーウの地下鉄駅が約七〇〜一〇〇メートルの深さにあることを考えると深さも不十分で、現状ではミサイルが周辺に着弾した際に被害を抑える程度の効果しか見込めない。

二〇二二年末の戦略三文書策定を経た二三年度予算においても、シェルターに関する「調査研究費」のみが計上されただけだ。この背景の一つには、「シェルターを整備することは戦争を容認することにつながる」という一部の市民活動家らの反対の声により、自治体や国がシェルターの整備を躊躇したことが挙げられるだろう。

このために、浜田靖一防衛大臣は地下部分を有する「自衛隊施設」を新たに整備または改築し、有事においてはそこを避難先にするというアイデアを披露し、いくつかが建設されようとしている。

だが本シナリオで見たとおり、戦時には自衛隊施設は合法な軍事目標となるため、中国によるミサイル攻撃で避難先施設が狙い撃ちされ、避難していた多くの住民が犠牲になるリスクがある。シェルターは国民の命を守ることに直結するということを十分意識して、政府・自治体が一体となって整備を早急に進めるべきだ。

国民保護のための具体策が遅々として進まない背景として、国や自治体の当事者意識の欠如が挙げられるだろう。有事への対処は、防衛省・自衛隊が「自己完結的に」やってくれるという過度な期待に加えて、「戦争は日本とは関係がない」という根拠なき楽観主義のため、有事というものを具体的にイメージすることができず、「国民・住民の命を守る」という最も重要なことに備えることができていない。

多くの国民は、自衛隊については災害派遣で活躍しているイメージが定着しているだろう。だが本シナリオで分析したように、有事になれば主な任務は敵国との交戦であり、国民保護に割ける戦力はほとんどなくなる恐れがある。

また、国民保護法では避難方法の提示や避難誘導は基本的に地方自治体の事務だと明記されている。それにもかかわらず、多くの自治体は、国民保護を真剣には考えておらず、実効性のある避難計画の策定や自治体間での事前の調整もほとんど進んでいないのが実情だ。

同時に、政府側の態勢にも問題を抱えている。国民保護については全般を内閣官房が、自治体との関係を総務省が担当しているが、防衛省や国交省、海上保安庁、警察庁といった省庁も避難における関わりが大きい。これらの多岐にわたる省庁を上手くまとめるかたちで内閣官房がリーダーシップを発揮し、国家として国民保護をどのように実施するかというグランドデザインを示すことが十分にできていないことが、最大の問題となっている。国・自治体双方に問題を抱えているのが実情といえよう。

4　空港・港湾の利用

【台湾に軍事侵攻した中国軍と、米軍・自衛隊が交戦を開始。日本政府は武力攻撃事態を認

定し、自衛隊に防衛出動命令が下された】

自衛隊は防衛作戦を展開するため、北海道・東北地方から南西諸島への部隊の移動を始めた。輸送時間が長いため、各地の部隊は人員と物資を満載した車両を連ねて苫小牧、八戸、仙台、大洗などの港湾を目指した。

ところが、港に通じる高速道路を含めた幹線道路の多くは、中国軍のミサイル精密攻撃で破壊されて通行ができなくなっていた。このため自衛隊側から建設業者に道路の補修工事を依頼したものの、「ミサイルが飛んでくるかもしれず、作業の安全を確保できない」という理由で断られたり、会社と連絡がつかなかったりして実現できなかった。

各部隊は、大型の自衛隊車両が通ることができる一般道路を見つけてなんとか港に到着したが、予定よりも大幅に遅れた。

やっとの思いで港に着いた自衛隊員に、ふたたび試練が訪れる。港で自衛隊の物資や装備を荷積みするはずの港湾職員が、誰もいなかった。「戦争には加担しない」として、ほとんどの職員が自主的に退避していたのだ。

防衛省は有事の際に備えて、自衛隊の車両や人員を輸送するために民間輸送船二隻を契約しているが、港湾職員がいなくては出動できない。そこで自衛隊側は各業界に協力を要請したものの、日本船主協会は「先の大戦で我が国の輸送船が徴用されて、多くの船と船員が失われた。我々は同じ轍《てつ》を踏まない」という声明を発表。海運会社の労働組合も「危険な地域への輸送には関与しない」として、いずれも協力要請を拒否した。

そんななか、仙台港に海上自衛隊がなんとかやりくりした輸送艦と護衛艦が到着した。港で途方に暮れていた自衛隊員は歓喜の声を上げる。だが、二隻は一向に岸壁に近づかないまま、沖合で前進と後退を繰り返している。タグボートがないために接岸できないようだ。海上自衛隊は横須賀と大湊の両基地には自前のタグボートをもっていたものの、外洋を航行して仙台港まで運ぶことはできなかった。

自衛隊は海上での輸送を断念し、空輸を試みることになった。ところが、民間空港を利用しようとしたところ、思わぬ障害に直面する。空港を管理する県知事が自衛隊の利用を「軍事利用につながる」として難色を示したのだ。有事といえども、管理者である自治体の許可がなければ自衛隊は空港を使えない。

じつのところ、政府はこの時点で、有事の際に適用される「特定公共施設利用法」に基づいて、空港と港湾を自衛隊と米軍および国民保護のため優先的に使用する指針を示していた。だがこの指針は「命令」ではなく「要請」であるため、空港管理者がこれに従わなかったのだ。

これに対して、総理大臣が国土交通大臣を指揮して、管理者権限を代行する措置に踏み切った。これでようやく自衛隊が空港を利用できるようになったのだが、この一連のやり取りや手続きに時間を要したため、初動対応は大幅に遅れる結果となった。

しかも、ようやく使えるようになった空港でさらなる問題が起きる。空港で勤務していた国土交通省の航空管制官が全員退避しており、飛行機の離発着ができなくなっていた。自衛隊にも航空管制官はいるものの、あらかじめ訓練を実施し、空港専用の資格をもっていなければ管制業務はできない。国交省の管制官が戻るまでは空港が使えない状況に陥ってしまった。

対策本部長を務める総理大臣は、自衛隊の機動展開が一向に進捗しないことに業《ごう》を煮やした。国交大臣に対して輸送力の確保のための民間業者の協力取り付けを厳命したものの、確実に「輸送作戦」に協力させる法的担保はないため、結局のところ「お願いベース」での協力を呼び掛けるのが精一杯だった。

■問題の背景

防衛作戦は自衛隊だけでは展開できない。民間業者を中心とする補給やロジスティクスに支えられて初めて成立するものだ。

有事において不可欠となる民間業者は、具体的には建築・土木業者、輸送業者、空港・港湾業者、防衛産業関連業者などが挙げられる。さらに、敵の攻撃で死傷者が出れば、医療従事者や火葬のための葬儀業者の協力も必要となってくるだろう。

ところが本シナリオで見てきたように、危機に際してほとんどの民間業者が避難または協力を拒否した場合、防衛作戦が成り立たなくなる実態が浮き彫りになった。

有事の際、自衛隊法の規定に基づいて「自衛隊の行動に係《かか》る地域」と「自衛隊の行動に係る地域以外の地域」が設定される。このうち、比較的安全な後者の地域であれば、医療・土木建築工事・輸送業者に対して業務従事命令を出せる。だが業務従事命令には罰則がないため、確実に協力してもらう担保にはならない。

とくに台湾有事に関しては、自衛隊の部隊を本土から南西方面に展開させることが不可欠だ。そのためには自衛隊基地だけでなく、民間の空港や港湾をいかに効率的に利用できるかがカギとなる。

しかし、自衛隊は日本にある空港・港湾を自由に使えない。その多くが国ではなく第三セクターや地方自治体が管理者だからだ。実際、自衛隊が訓練を計画しても、管理者の許可が得られずに実施できないという事態が多発している。

では、訓練ではなく有事ではどうか。じつは、有事においても法的な枠組みや運用は訓練と変わらないのが現状である。武力攻撃事態に際して、自衛隊や米軍が港湾や空港、道路を優先的に利用できる「特定公共施設利用法」が整備されているが、原則として国による「要請」に過ぎないので強制力はなく、港湾などの管理者が従わないこともありうる。

その場合、国はより強い「指示」を出すことになり、それでもなお管理者が指示に従わない状況になって、初めて総理大臣が国交大臣を指揮して管理者権限を代理できる。有事の切迫した状況において、このように煩雑な手順を踏んでいる余裕があるのかは甚だ疑問だ。

有事の際、空港の管理者の意向にかかわらず、自衛隊が自由に使用できると考えている国民は少なくないだろう。沖縄県宮古市の下地島《しもじしま》空港の例を見てみよう。

同空港は台湾に近く、南西諸島では最長の三〇〇〇メートルの滑走路がある。管理者は沖縄県で、本土復帰前の一九七一年に当時の琉球政府が日本政府と交わした「屋良《やら》覚書」で民間以外の目的には使用しないことが確認されている。県は「屋良覚書」を条例化することを検討しており、軍事利用には反対の立場だ。

二〇二三年一月、米海兵隊が人道支援や災害救援を目的とした習熟飛行のためにヘリコプターを発着させたいと申請したが、県の自粛要請を受けて使用を見送っている。これまで有事を想定した訓練で、下地島空港を自衛隊が使ったことはない。有事の際においても、県が空港の使用許可を出さない可能性もありうるだろう。

5　自衛隊施設の強靭化と民間企業の協力

【前線となる南西諸島や九州には北海道・本州からの自衛隊の来援がほとんどなく、現有の少ない戦力での戦闘を余儀なくされた。まもなく、弾薬をはじめ装備が不足して劣勢となった】

緒戦における中国軍の弾道・巡航ミサイルによる集中攻撃で、自衛隊の拠点は大打撃を被った。とくに中国に近い南西諸島と九州の被害は甚大だった。南西諸島全域の陸上作戦を指揮するため、師団に改編されたばかりの陸上自衛隊那覇駐屯地第一五師団の指揮所は二発の弾道ミサイルが直撃して全壊し、師団長以下の主な幹部ほぼ全員が犠牲となった。

また、陸自那覇駐屯地に隣接する空自南西航空方面隊司令部や熊本市にある陸自西部方面総監部や佐世保市の海自佐世保地方総監部も、弾道ミサイル攻撃を受けて指揮所が半壊して指揮システムが使えなくなった。いずれの施設も地下に置いていたが、弾道ミサイルは貫通して主なシステムを破壊した。

一連のミサイル攻撃によって、インフラも被害を受けた。とくに沖縄県の被害は深刻で、那覇駐屯地の電力供給が失われたうえに、非常用の電源として用意していた自衛隊の発動発電機も被害を受けた。このため、発電機の製造会社の社員が危険を覚悟のうえで那覇駐屯地へと向かうこととなった。

そんななかで事件は起こった。この技術員が駐屯地に差し掛かったところで、三人の男に拘束されたのだ。三人は国防動員法によって中国政府の命を受けていた中国籍のグループだった。三人は拘束した技術員に対して訊問する様子を動画で撮影してSNSで拡散した。

「この人物の所持品を調べたところ、自衛隊が発給する身分証明書をもっておらず、民間人であることが判明した。自衛隊は文民である一般の市民を駐屯地内に引きずり込んで中国による攻撃ができないように『人間の盾《たて》』にしている。このような行為は国際人道法違反であり、中国の法で公正に裁いて厳しく罰する」

捕虜の待遇などを定めたジュネーブ第三条約は「実際には軍隊の構成員でないが軍隊に随伴する者、たとえば文民たる軍用航空機の乗組員や従軍記者、需品供給者、労務隊員または軍隊の福利機関の構成員らについては、当該軍隊がそれらの者に附属書のひな型と同様の身分証明書を発給しなければならない」と定めている。

自衛隊は有事においても民間の技術者や整備士らの協力なくしては成り立たない。だが日本政府は、戦時にはこのような民間人に自衛隊の身分証を発給しなければ「違法な戦闘員」として処罰されうるという同条約を十分に認識していなかった。また会社側もそのような知識がなかったのだ。

その後、男性技術者は拘束されて密かに中国に送還されて終身刑を申し渡された。

「私は国際法に違反する『違法な戦闘員』であることに間違いがなく、中国当局の処罰を受け入れる。自衛隊と日本政府に無理やり違法行為をやらされたことが原因であり強く非難する」

中国当局に起訴された後、男性技術者がこう謝罪する映像が全世界に向けて拡散された。

こうして、自衛隊の防衛作戦に関する正当性が、国際社会からも疑問視される事態に発展した。

■問題の背景

〈自衛隊施設の脆弱性〉

二〇二二年末に改定された戦略三文書には、「七つの柱」の一つとして「持続性・強靭性」が定められており、今後十年間で自衛隊施設の補強工事を進めていくことが明記されている。その背景として深刻化する自衛隊施設の老朽化がある。

一九八一年の建築基準法改正による「新耐震基準」を満たしていない施設はじつに全体の四割を占め、核・生物・化学兵器による攻撃や空爆に堪えうる防護基準を満たしていない施設は八割以上にのぼる。これら既存の庁舎・施設は、耐震補強は施されていても「対弾補強」はできていないので、ミサイル攻撃に非常に弱い。

大部隊ではほとんどの司令部が地下化されているものの、老朽化が著しい。地下化された施設は爆風や破片を防ぐことはできるものの、ミサイル攻撃の直撃を受ければひとたまりもない。中小部隊では司令部が地下化すらされていないことが多い。

そのため、本シナリオが示したとおり、ミサイルや爆弾が近くに着弾しただけで、部隊の指揮官以下の主要幹部が犠牲となってしまうだけではなく、司令部機能自体を失う可能性が高い。駐屯地の燃料庫や弾薬庫も多くは覆土《ふくど》とコンクリートで守られているが、ミサイルが直撃すればやはり破壊されてしまう。

対策が最も急務なのは航空機で、とくに戦闘機の防護が不可欠だ。上空では世界最強の戦闘機でさえも、駐機中に攻撃されればひとたまりもない。だがそれにもかかわらず自衛隊の航空基地には「掩体《えんたい》」（鉄筋コンクリートの覆いで駐機中の航空機を防護する施設）がほとんどない。

そのため、敵に奇襲攻撃されれば航空自衛隊の航空機が開戦後十五分ほどで壊滅する事態にもなりかねない。航空機に直撃しなくても、ミサイルや爆弾の爆風や破片によって、庁舎や航空機が広範に被害を受ければ使用できなくなる。爆弾の破片がわずかに当たっただけで飛行できなくなってしまうほど、戦闘機はデリケートなものだからだ。

抑止力を高めるためにも、駐屯地や施設の強靭化は不可欠だ。確かに、どれだけ防護能力を強化したり地下化したとしても、精密誘導のミサイルの直撃を受ければ破壊されることもありうる。しかし、施設を強靭化されると、すべての駐屯地の重要施設に対し、中国軍がミサイルを直撃させなければならなくなり、一つの駐屯地を機能不全にするために必要なミサイル数は、現状よりも数倍から十数倍に跳ね上がる。さらに、ミサイルの種類も精密誘導型や貫徹型などより高性能なものを投入せざるを得なくなる。

こうした事実を台湾有事に当てはめてみよう。中国の主な攻撃対象は、台湾でありそれを支援する米軍だ。中国軍は、日本を相手に高性能ミサイルを大量に発射するわけにはいかない。日本が自衛隊の施設の強靭化を進めることは、中国が駐屯地や基地を攻撃するハードルを大きく上げる効果があるうえ、台湾への軍事侵攻に踏み切ることを躊躇させる抑止力の強化にもつながるのだ。

そして、強靭化でもう一つ忘れてはならないのが、電磁パルス（Electromagnetic Pulse：EMP）攻撃への対策だ。

電磁パルス攻撃は地上三〇キロから四〇〇キロで核爆弾を爆発させ発生するガンマ線（γ線）などによって、自衛隊の装備品や社会インフラに深刻な影響を与える。電磁波は通信や交通、電力などに障害をもたらし、国民生活や防衛作戦に不可欠な電子機器が破壊されてしまうため、官民ともに破滅的な被害が出かねない。

二〇〇四年に米国議会で公開された報告によると、電磁パルスで全米の社会インフラが崩壊すれば復旧には数年かかり、損害は数百兆円にのぼる。食料や燃料不足と衛生面の悪化により病気の蔓延や飢餓が発生し、「一年以内に米国民の九割が死亡」という衝撃的なシミュレーション結果が公表されている。ミサイル攻撃だけにとどまらず、電磁パルスへの対策も急務といえよう。

〈民間業者の処遇と中国の国防動員法への対策〉

自衛隊の駐屯地・基地には普段から多くの民間業者が出入りしており、有事でも業者の技術員がいなければ整備できない装備品は多い。しかし民間業者の従業員は国際人道法上、保護の対象となる「文民」となる。

駐屯地や基地に防衛装備品を納入している民間業者の技術員や整備員は、有事であっても業務を続けてもらわなければならない。だが、文民が敵対行為に直接参加したと評価された場合、保護の特権を失い、敵に捕らえられれば処罰される可能性がある。

このため防衛省側は、自衛隊で役務契約をする民間業者社員の身分証明書を発行し、国際法上の地位を保証するための措置を速やかに講じなければならない。しかし、自衛隊も業者も有効な手を打てていないのが実情だ。

また、中国政府が二〇一〇年に施行した「国防動員法」への対応も急務といえる。同法は「国家の主権、統一と領土の完全性および安全を守るため」として施行され、第三一条では「召集された予備役要員が所属する組織は兵役機関の予備役要員の召集業務の遂行に協力しなければならない」と定められている。予備役要員は中国国籍の男性十八～六十歳、女性十八～五十五歳が対象。有事の際、兵站《へいたん》などの後方支援や敵国についての情報収集の任務を負うものと考えられる。

同法の適用は中国内にとどまらず、国外の中国国籍をもつ人も含まれる。台湾有事の際、国防動員法に基づく動員令が発令された場合、日本にいる中国人も動員の対象となる。もしもこれを拒めば、罰金または刑事責任を問われることもある。

日本国内に中国国籍をもつ人は約七六万人おり、自衛隊（二三・〇万人）、警察（二五・九万人）、消防（一六・五万人）、海保（一・四万人）の総数よりも多い。有事の際に同法に基づいて、日本国内で自衛隊の作戦の妨害や偽情報の拡散、国内秩序の混乱工作などをしてくる可能性がある。

また、国防動員法は中国にある日本企業にも大きな影響を及ぼす。同法には「国は国防動員の実施を決定した後、備蓄物資が動員の必要を直ちに満たすことができない場合、県級以上の人民政府は法に則って民用資源に対して徴用を行うことができる」（第五四条）という規定があり、中国に進出する日本企業が中国政府の命令で動員・徴用の対象となる恐れがある。しかし有事であれば、外交交渉で解決できる見込みはほとんどなく、自衛隊が日本企業の社員を救出に向かうこともできない。

それにもかかわらず、日本政府の対策はほとんどできていない。二〇一一年二月、山谷えり子参議院議員が「本法が日本に在住する中国人および中国に進出している日本企業に適用されると分析しているのか示されたい」という質問主意書を提出した。これに対して菅直人内閣（当時）の答弁は、木で鼻を括《くく》るようなものだった。

「御指摘の『国防動員法』は、他国の法律であることから、同法律の個々の規定の解釈について、政府としてお答えすることは差し控えたい」

中国軍の作戦は毛沢東以来、全人民の力量で敵に打撃を与える「人民戦争理論」を採用している。有事には予備役を含めた総動員態勢で臨む構えだ。

危機管理の観点から相手が何をしてくるかを網羅的に見積もり、それに対応する策を議論し、必要であれば法整備をする。これこそが国会の役目であることはいうまでもない。だが、このような議論や論争がほとんどなされていないのが現状だ。

6　脆弱な通信インフラ

【南西諸島を中心とする前線の自衛隊の劣勢は、日に日に濃厚となった。緒戦の中国軍によるミサイル攻撃によって沖縄と九州にある自衛隊の司令部は破壊され、本州の空港・港湾の使用にも難航したため、増援部隊の派遣が大幅に遅れていた。その間、宮古島に数十人の中国軍の特殊部隊がパラシュートを使って上陸。自衛隊は戦後初めて、日本の領土において武力行使をすることとなった】

宮古島の島民の島外避難はほとんどできていないにもかかわらず、島内には安全地帯やシェルターがない。島民は混乱に陥った。自衛隊の駐屯地や分屯基地に保護を求めてくる者も相次いだ。こうした逃げ惑う島民の様子がＳＮＳ上で拡散され、さまざまな情報が飛び交った。

「自衛隊は武力紛争法上、攻撃してはならないとされている神社や病院に陣地を築いている」

「避難民のいる小学校に臨時司令部を置き、島民を『人間の盾』として利用している」
「宮古島郊外で、銃殺された島民の遺体が発見された。この島民は自衛隊の足手まといとなったため殺害された」

いずれも、島内の混乱した状況を見て利用した中国による情報戦だった。中国の政府や軍に有利なネットの書き込みをして対価を受け取る「五毛党《ごもうとう》」と呼ばれる民間のサイバー要員による偽情報が拡散されたのだ。

国際社会では、宮古島における自衛隊の対応に対して批判の声が高まった。いずれの情報も偽情報であり、自衛隊員にとっては身に覚えのないものだった。日本政府は反証するための証拠集めを始める。統合幕僚監部は証拠となる現地の状況を把握するため、方面総監部（司令部）を通じて宮古島の部隊に対し、現場の動画と写真を送るように指示を出した。

ところが、どういうわけか現場からは一向にデータが送られてこない。なぜならば、自衛隊員のヘルメットや車両などの装備品には動画や写真を撮影するカメラが装着されておらず、戦況を記録することができなかったからだ。そのため仕方なく広報業務用のデジタルカメラを流用して撮影する運びとなった。

隊員らはなんとか撮影した動画を送ろうとしたが、上手くいかない。現場部隊と統合幕僚監部や司令部とをつなぐ海底ケーブルが切断されていたのだ。

仕方がなく、衛星回線を通じて方面総監部・司令部や統合幕僚監部との連絡を試みた。だが、自衛隊が使用するために借り上げている商用の衛星回線は、民間の通信需要と競合したために通信速度がきわめて遅かった。画素数が低い画像ですら送信途中でエラーとなり、一枚の写真を送るのに十分以上かかった。

やむを得ず動画の送信は諦めて数枚の写真を厳選して送ることにして、文字で現場の状況を書き起こして司令部に報告することにしたのだが、官邸からは「客観的証拠のない文字だけでは現場の状況がわからないし、写真がないとメディアも納得しない。これでは現場の状況がよくわからない」と叱責された。

数日後、現地の自衛隊員は宮古島内の状況の写真と動画を撮影することができたが、それもリアルタイムの証拠ではなかった。また動画は通信速度の関係で送ることができなかったため、国民や国際社会に向けた反証としては時機を失しており説得力を欠くものとなった。

■問題の背景

自衛隊は内部で閉ざされた自前の通信網をもっている。そのほとんどが駐屯地やレーダー基地の鉄塔のアンテナを使った無線通信だ。ただ、こうしたアンテナは見通しの良い高い場所に設置されているため、敵のミサイル攻撃に狙われやすく簡単に破壊されてしまう。

とくに台湾有事で最前線となる南西諸島は、地理的に複数ルートでの通信網を構築しにくい。自衛隊は自前の通信網が使えなくなると、民間の海底ケーブルや人工衛星などの借り上げ回線に頼らざるを得ない。

しかし海底ケーブルの位置は周知の事実であるため、簡単に切断されてしまう恐れがある。人工衛星も妨害を受けることが予想される。すなわち、有事には高い確率で、南西諸島と本土との間の通信が途絶することが懸念されるのだ。

また、ロシア・ウクライナ戦争では、ロシア軍が関与したとみられる戦争犯罪行為を、当のロシア側が「ウクライナ軍の仕業だ」と報道したりSNSで拡散したりする情報戦が展開された。ロシアと同じく中国も有事の際に日本に対して偽情報を拡散したり自衛隊の「戦争犯罪行為」をでっちあげたりする可能性がある。

一方、自衛隊は証拠を動画で撮影する装備品をほとんどもっていない。着用できる装備品を保有しているのは陸上自衛隊の一部に過ぎない。たとえば、航空自衛隊がスクランブル発進して領空侵犯してきた外国の軍用機を上空で撮影して公開しているが、その写真は戦闘機のパイロットが操縦中に、わざわざデジカメを取り出して構えて撮影したものなのだ。隊員に負荷をかけずに自動で動画撮影などができるカメラは、隊員にほとんど行き渡っていないのが現状だ。

このために、自衛隊としては肝心の有事の際、客観的な反証材料を十分に集めることができない。そのため、敵国が偽情報を発信した場合、それを打ち消す証拠を提示できない可能性がある。結果として、敵国による虚偽情報の拡散を許してしまい、情報戦で敗北することになりかねない。

7 戦死者・遺体の取り扱い

【日本側の戦況の悪化に伴って、犠牲者がしだいに増えた。なかでも、緒戦における中国のミサイル攻撃によって多数の自衛隊員のほか、基地内や避難途中の市民も犠牲となった。急増する犠牲者の遺体の扱いの問題が急浮上した】

自衛隊員は自衛隊法によって、墓地埋葬法の適用除外の規定がある。墓地以外への埋葬や火葬場以外での火葬が許容されるほか、埋葬・火葬時に市町村長からの許可を受ける必要がないことになっている。

だが、現実は違った。自衛隊員は実家から離れたところで勤務している者が多く、戦死者を部隊で火葬や埋葬することに対して遺族らから強い反対があり、遺体の保存を求める声が相次いだのだ。

ところが、自衛隊は遺体を消毒や保存処理して長期保存する「エンバーミング（遺体衛生保全）」の技術や装備をもっておらず、遺体を安置する独自の冷凍施設もない。エンバーミングや火葬ができる地元の葬儀業者はいずれも避難しており連絡がとれないが、そのまま遺体を放置すれば腐敗して本人の判別が難しくなるうえ、伝染病が流行する恐れもあった。

現場の部隊は悩み抜いたうえで、できるかぎり遺体の写真を撮ったうえで、駐屯地や基地の一角に埋葬することにした。遺族のもとには後に骨や身体の一部が返還されたものの「骨壺だけが帰ってくるなんて、先の大戦のようだ」「この骨は本当にうちの家族のものなのか」「最期の別れすらできずこんな姿になるのなら、我が子を自衛隊に入れるのではなかった」という批判の声が巻き起こった。

さらなる問題は犠牲となった国民の遺体の対応だった。一般国民には墓地埋葬法が有事の際でも適用される。そのために火葬場以外での火葬はできず、火葬する際には市町村長の許可が必要となる。だが先述の通り、火葬ができる葬儀業者は避難してしまい、市町村役場も許可を出すどころではない。かくして国民の遺体は、野晒しのまま朽ち果てていくこととなった。

■問題の背景

自衛隊と日本の法制度が有事を真剣に想定できていない分野として、戦死者・遺体の取り扱いが挙げられる。

本シナリオで紹介したように、自衛隊は有事において、火葬の許可の不要や墓地以外の場所への埋葬ができるという規定がある。しかし、遺族の感情を考えれば、本当に現場部隊で火葬や埋葬をしてもよいものか、疑問が残る。

火葬後の遺骨ではDNA鑑定ができず、誰の遺体か判別できなくなる。火葬前に個人を特定できればよいが、爆風でバラバラになったり焦げたりした遺体は、個人の判別が難しいケースが多い。とくに有事の際には、一つひとつの遺体を時間をかけて弔う時間がない。そうなると、現場で火葬するしかないのが現状だろう。しかしその場合、火葬前に個人の識別を丁寧に実施することは難しいという問題が残る。

また埋葬については、最前線の戦場であれば火葬せずにそのまま埋葬することもありうる。しかし遺体を回収した部隊が火葬後に埋葬するという順で実施するのであれば、戦後に遺族に返還すべき遺骨を、現場でわざわざ埋葬する意義はあまり見いだせない。

最も望ましいのは火葬も埋葬もせず、遺体をエンバーミング処理して、生前の状態をできるだけ保ったまま遺族に返還することだろう。だが自衛隊の部隊はエンバーミングのための器材、薬品、技術を一切もっておらずほぼ不可能だ。

以上のように、自衛隊員の遺体の取り扱いについては、法に有事の適用除外が規定されているにもかかわらず、どの方法をとっても問題が残る。

自衛隊員以外の一般国民は、さらに悲惨な状態となる。有事でも墓地埋葬法がそのまま適用されるため、火葬も埋葬もスムーズにできない。遺体の取り扱いを所管するのは災害時と同じく、一義的に地方自治体になる。しかし、有事に地方自治体は戦況の掌握や政府との調整、国民保護、被害復旧などで多忙をきわめることが予想されるため、遺体関連の業務にまで手が回らない可能性が十分ある。

8　自衛隊員の戦意の喪失

【戦況の悪化に伴って、自衛隊員の戦意が急激に下がってきた。「死ぬのが怖い」という置手紙を残して行方不明になる隊員が続出したほか、上官の命令に従わずサボタージュする者、敵国に買収されて内部の情報を流す者が現れた】

日本の若者の価値観が多様化するなかで、「肉体的にきつい」「規律が厳しい」というイメージを払拭できなかった自衛隊は、入隊者の定員割れが続き、以前では合格できないようなレベルの志願者も採用するようになっていた。その結果、平時には現役自衛官が凶悪犯罪で逮捕されたり、高額な報酬につられて他国に機密文書を売り渡したりするといった事件が続発するようになった。

これらの事件により、指揮官は本来の任務よりも部隊の士気の維持、さらには部下の機嫌取りに忙殺されるようになった。自衛官による犯罪が続いた一部の地域では自衛隊に対する批判が高まり、駐屯地の移転・廃止を求める運動も起こった。その結果、隊員の募集はますます難しくなるという悪循環に陥った。また自衛隊員による相次ぐ機密漏洩事件によって、米国からの信頼を失ってしまい、日本側への秘密情報や装備品の提供が停止される事態となった。

問題の背景

戦略三文書で目を引くのは新しい装備品の導入であるが、自衛隊員の処遇改善の具体策については、じつはほとんど触れられていない。

たとえば、寒冷地に勤務する陸上自衛官は自費で高額・高性能の防寒具を購入し、厳冬期の野外演習に参加することが日常化している。また、全国の駐屯地に勤務する自衛隊員は庁舎の清掃費を給料から強制的に徴収されているケースがいまだにある。増加する任務や災害派遣などで多忙なため、自前で清掃ができなくなっており、清掃業務を業者に委託しているためだ。いまだに庁舎内や敷地内の清掃をすべて自分たちでやらなければならない公務員などほとんどおらず、時代に合致していない処遇と言わざるを得ない。

業務内容に比べて給料も十分とはいえない。訓練や演習、災害派遣が急増しているにもかかわらず、基本給に一定程度の上乗せ分が含まれている代わりに、残業代はゼロのまま。とくに艦船で警戒監視などの任務に当たっている海上自衛官は土日など関係なしに洋上で任務を遂行することになるが、人手不足から寄港後に代休を取ることもままならない状態だ。

さらに任務内容によっては行き先や期間を身内にも秘して長期間不在になるため、家族の生活にも不安が残る。給与面の処遇を改善するのみならず、家族支援を充実させることや適切な休暇を取得させるといった当たり前のことができていない状況なのである。

福利厚生も他国に比して貧弱である。たとえば米軍の場合、ディズニーリゾートのほかホテル、ゴルフ場、航空会社から街のレストランまで軍人特典が使える店は多い。ほかにも施設によっては、ゲームや映画、Ｗｉ−Ｆｉ、菓子、ドリンクなどが無料となる。また、大学卒業後に軍に入隊することを前提とした予備役将校訓練課程（ＲＯＴＣ）では、大学の学費が全額または大部分が援助される。そのほかにも、高校卒業者が一定期間軍で勤務すると、大学の奨学金が獲得できる制度も存在する。これらは経済的に恵まれないが、能力があって、軍で勤務する意欲のある人材獲得に一役買っている。

我が国でも少子化により、将来には自衛官の入隊希望者が激減し、現在の定員と隊員の質を維持できなくなることが強く懸念されている。バブル景気のときには採用対象者が民間に流れてしまい、「自分の名前を漢字で書けない新隊員がいる」と言われたほど隊員の質が落ちた時代もあったが、少子化がこのまま進むと、質が低い者を採用せざるを得ない。

こうした懸念を裏付けるデータがある。入隊して自衛官となった者に、「日本が他国から攻撃を受けたらどのようにしたいと思うか」とアンケートをとったところ、「進んで、またはやむを得ず任務を遂行する」と回答した者は全体の五割強しかおらず、「そのときにならないとわからない」が約三割、「できれば任務を拒否したい、または退職したい」と回答した自衛官が一割程度存在した。

実際に「任務拒否・退職志向者」は年々増加傾向にあるという。今後優れた装備品を導入しても、それを扱う自衛官の質が低下していくのでは、我が国の防衛が成り立つのかさえ怪しくなってくる。

二〇二三年二月、現役陸上自衛官が千葉での強盗犯罪に参加していたとして起訴されるという衝撃的な事件が起こり、六月には自衛官候補生が小銃を乱射して三名が死傷するという事件が起きた。

このまま隊員の量や質が確保できなければ、戦略三文書により導入した新装備品を操作・整備する者が足りなかったり、質が低い隊員が多くて高性能装備品の運用を任せられなかったりすることが起こりかねない。今後確実に起こる募集難は、自衛隊内で「静かなる有事」

と呼ばれているほど深刻な問題となっている。

「仏像に魂を入れる」ための提言

「戦って勝てる軍隊になれ」。中国軍の約二〇〇万人を率いる習近平・中央軍事委員会主席（国家主席）は、視察先の部隊や軍幹部らに対して、頻繁にこう発破をかけている。

この発言について、日本の一部のメディアや専門家らは「習政権の強硬姿勢を裏付けている」と説明しているが、必ずしも事実とは言えない。

ここ数十年間にわたり中国軍内では汚職が蔓延しており、訓練や武器開発などに費用が十分に充てられてこなかった。そのうえ、中国軍は一九七九年の中越戦争を最後に戦争をしておらず、兵士の実戦経験がほとんどない。こうした状況に鑑みて、中国軍が「戦っても負ける」という危機感の裏返しから出てきた発言である。

だからこそ、習近平は二〇一二年の総書記就任以来、新中国建国後では最大規模と言われる軍内の汚職を取り締まるキャンペーンや軍政改革を断行してきた。

翻って日本では、自衛隊は一九五四年に創設してから一度も戦争をしていない。さらに、長年にわたる防衛費の抑制によって、装備や人員の確保が足りていない状態が慢性的に続いてきた。こうした状況が許されたのは、冷戦期は米国との同盟関係に頼り、やがて旧ソ連が崩壊すると米国一極体制下の国際秩序のなかで、七十年余りの平和を享受できたからにほかならない。

ところが二〇二二年二月、ロシアがウクライナに軍事侵攻したことによって事態は一変した。冷戦後の国際秩序の「庇護者」たる国連安保理常任理事国が国際法を破って隣国を侵略したインパクトは甚大で、いまだに戦争の出口は見えない。

ロシアは中国への依存と、米国を中心とした自由主義陣営との対立を深めるようになった。中露両国は「準同盟関係」とも言える軍事的な連携を強め、日米両国を威嚇するように日本周辺に頻繁に艦艇や航空機を派遣するようになった。北朝鮮も連日のように日本周辺に向けてミサイルの発射を繰り返している。

日本周辺の安全保障環境は、中国・ロシアに加えて北朝鮮という核をもつ三カ国と対峙する、世界最悪とも言える状況となった。日本にとって戦争は現実のものとなった。

ウクライナ侵略戦争後の国際秩序は、どのようになるのか。日本を取り巻く東アジアには、いかなる影響を及ぼすのだろうか。そして有事が起きた場合、自衛隊は本当に「戦って勝てる」のだろうか。

こうした疑問点をもとに、キヤノングローバル戦略研究所は二〇二二年七月、「ポスト・ウクライナ戦争の東アジア国際秩序研究会」を立ち上げた。現役の官僚らをコアメンバーに、台湾有事をめぐるシミュレーションで、自衛隊を中心に日本政府や自治体が抱える問題点や課題の洗い出しを進めた。

それは政府やほかの研究機関が実施しているような、軍事だけに焦点を当てた「戦争シミュレーション」ではない。日本や自衛隊が抱える法律やロジスティックスなど、これまであまり注目されてきていない問題を中心に検証を重ねた。

その結果、政権による事態認定をはじめ、有事の際の民間企業の協力態勢や民間人の避難状況、犠牲者の遺体の扱い方などをめぐり、問題が山積していることが明るみに出てきた。このなかには、そもそも議論すらされていない課題も存在する。

日本政府は二〇二二年十二月、防衛費の大幅な増額や反撃能力の保有などを盛り込んだ新たな戦略三文書を閣議決定した。日本の防衛政策にとっては重要な転換点だが、これだけではたして十分なのだろうか。三文書はあくまで政策文書に過ぎない。実現していくための「仏像に魂を入れる」作業こそが重要なのだ。

だが、その議論が盛り上がっているとは言えない。どうやら焦点も、増額した防衛費でどのような装備品を購入するかに集中している。今、検討しなければならないのは、七十年間の「平和な時代」に放置されてきた日本の防衛政策の問題点を洗い出し、改善していくことなのだ。

そこで、同研究会における一年余りの議論をもとに、以下の提言をしたい。

提言1　政治家による迅速・果断な事態認定を

まずは有事の「入口」であるとともに、初動で最も重要な「武力攻撃予測事態」について問題を提起していく。武力攻撃予測事態は、政治によるトップダウンの果断な意思決定がないと認定されない。たとえば、サイバー攻撃やテロ活動など明確な戦争とは言えない状況下で武力攻撃予測事態を認定することは容易ではない。

日本の政治家や官公庁は、リスクを伴う決断には慎重になりがちだ。しかし、武力攻撃予測事態の認定が遅れると、日本は「戦わずして負け」になりかねない。なぜならば、予測事態の間に作戦準備、すなわち自衛隊と国民の大移動に着手する必要があるからである。このタイミングで、全国の自衛隊の南西方面シフトを進めるのと同時に、南西諸島の住民を本土に避難させなければならないのだ。

しかし、自衛隊数万～十数万人の人員と装備品、補給物資を北海道や本州などから南西諸島に輸送し、同時に南西諸島の一五〇万人の住民を避難させるミッションはとても数日では終わらない。日本に対する本格的な武力攻撃が発生してから、作戦準備を開始したのでは間に合わない。国民の生命を守り、有事に対応できるかどうかは、政治家がいかに迅速に情勢を判断して武力攻撃予測事態の認定を出せるかどうかにかかっている。

そのためには、政治家みずからが、日常から情勢を分析し、有事においてどのような対応が必要なのか準備をしておく姿勢が欠かせない。その点、米国や日本のシンクタンクが主催した台湾有事のシミュレーションは参考になるだろう。

ポイントとして、①日本はどのような攻撃に晒されるか、②攻撃は日本の経済活動や国民生活にどのような影響を及ぼすか、③自衛隊は有事になるとどのように行動すべきか――などが挙げられる。

これらをタイムラインに落とし込んだうえで、どの段階で武力攻撃予測事態認定をするかを検討しておく必要がある。そのうえで「武力攻撃予測事態の認定が遅れると、いざというときの自衛隊の作戦に大きな支障が出る」「武力攻撃直前の段階で予測事態を認定しても間に合わない」といった認識を政府内で共有しておかなければいけない。

この際、予測事態認定の考え方も整理しておく必要がある。予測事態認定とは「相手国を刺激する」のではなく、「準備の万全さを内外に示すことで戦争の回避（抑止）につながる」という構図でとらえなければならない。実際、武力攻撃事態対処法にも「武力攻撃予測事態においては、武力攻撃の発生が回避されるようにしなければならない」と抑止の重要性が明記されている。

また、閣僚も含めた国会議員による事態認定訓練を定期的に実施することが必須である。政府による事態認定〜国会承認（緊急時は事後承認可）〜防衛出動命令〜部隊が命令を接受するまでの間、前線で戦う自衛官は武力行使の権限がないまま、敵の全力の軍事侵攻に耐え続けなければならない。事態認定から現場への命令到達が一秒でも早くなるよう、政治家も研鑽《けんさん》を積まなければならない。

政治家みずからがシミュレーションに参加して、有事を想定した動き方を検証しておくことも有用だろう。また、その判断には関係省庁との連携が必要不可欠であることから、一部の官僚のみならず総合的な訓練も必要である。

なお、在日米軍基地の利用における事前協議への対応や、防衛出動下令時における反撃能力を含む自衛隊の武力行使の指示などの局面においても、政治家による決断は求められており、万全の準備をしておくことがきわめて重要なのだ。

提言2 「国民保護」を防衛省・自衛隊任せにしない

有事の際の国民保護における問題点として、国や自治体の当事者意識の欠如が挙げられる。いざ有事が起きれば、自衛隊が「すべてやってくれる」「頼んだら何とかしてくれるだろう」という過度な期待があるようだ。実際、自衛隊は災害派遣で活躍しているイメージが定着しているが、有事になれば主な任務は敵の撃破となり、国民保護に割ける戦力はほとんどない。

一方、国民保護法では避難方法の提示や避難誘導は基本的に地方自治体の事務だと明記されている。それにもかかわらず、多くの自治体は国民保護について真剣に考えることはせず、実効性のある避難計画の策定や自治体間での事前の調整も進んでいないのが現状である。

あわせて、国側にも問題がある。内閣官房が国民保護全般を、総務省が自治体との関係を担っているが、防衛省や国土交通省、海上保安庁、警察庁などの各省庁の役割は欠かせない。内閣官房がリーダーシップを発揮して各省庁をまとめ上げ、国家として国民保護をどのように実施するかというグランドデザインを十分に示さなければいけないが、それができていない。

その結果、現在の日本では武力攻撃事態を前提とした訓練がほとんど実施されていないのが実情だ。訓練は繰り返されることで精度が上がるもので、一度実施すれば終わりというものではない。日ごろからの備えを怠ると、避難の遅れや停滞につながり、犠牲を増やすことにつながることを強調しておきたい。

実際、台湾では毎年実施している防災訓練で、二〇二二年から戦争の要素を取り入れるようになった。台湾有事が目前に迫っていることをふまえ、日本もいつ誰が、どのような訓練をするかという訓練計画を策定したうえで、南西地域を中心とした国民が一体となった訓練を複数回実施すべきだ。その際には図上訓練だけではなく、できるだけ現実に即したかたちでの実動訓練も不可欠と言えよう。

そして、国民の命を守ることに直結するシェルターの整備は、政府・自治体が一体となって取り組むべき喫緊の課題と言える。シェルターは有事以外にも、自然災害時の避難や災害用物資の貯蔵用としても使うことができる。民間でシェルターを建設する場合の補助金制度を新設すれば普及を進めることができるだろう。

国際法上の軍事目標に関する問題も挙げたい。ここに紹介したシナリオで取り上げたように、基地と共用の空港のほか、自衛隊の輸送艦・輸送機、駐屯地内に設置したシェルターなどはすべて国際法上、攻撃されうる軍事目標となる。実効的な国民保護の計画がないと、こうした軍事目標となっている施設に国民が避難することになり、大きな犠牲を出すことにつながりかねない。

国際法、とくに国際人道法に詳しい専門家も交えた国民保護計画の十分な検証が求められる。

提言3 有事に不可欠な民間企業の協力態勢の整備を

有事における民間の協力の必要性は、依然としてほとんど議論されていない。防衛作戦は自衛隊だけでは完遂できず、特定の民間企業の協力が不可欠であることを国民に周知したうえで、協力態勢の整備を進める必要がある。

とくに空港、港湾、電気、水道、輸送、土木、医療、火葬、防衛装備品などの業者を「有事のエッセンシャル・ワーカー（必要不可欠な労働者）」として協力を得られる態勢を整えていかなければならない。

自衛隊の装備品を基地や駐屯地から持ち出して展開する際、これらの業者の協力がなければ実施は難しい。実際、北朝鮮によるミサイル発射に対応するための地対空誘導弾「ペトリオット　ＰＡＣ－３」を展開するうえで、一部の空港や港湾で協力を得られない事態が起こっている。

このような状況では、有事に際してはとても戦闘態勢をとることができない。民間業者の支援を得るためには、強制的に協力してもらう枠組みをつくるのか、企業から自発的な支援を促すような工夫を重ねていくのか、あるいはその両方を組み合わせていくのか。速やかに真剣な議論を始めるべきだ。

いずれのやり方を実施するうえでも、自衛隊に協力してくれる業者の地位を保護することは欠かせない。自衛隊に対する役務に従事する民間業者の身分証明書を防衛省が発行することで、国際法上の地位を保証できるようになる。

誰もが有事においては、リスクをとりたくはないと考えるのが本音だろう。しかし、誰もリスクをとらなければ日本の防衛を全うすることができず、より深刻な事態に直面することになる。だからこそ、国民一人ひとりが防衛に関与し、必要な場合には防衛作戦を支援する意識と気概をもつことが求められているのだ。

なお、現在の制度上、有事に侵略者の排除に積極的に協力したいという国民が現れたとしても、その受け皿は用意されていない。戦争になったら全国民を逃がして保護するという現行の国民保護のコンセプトは災害対処と同じ発想であり、国際的に見てもきわめて異例な考え方だ。国民が自衛隊や政府の活動に対して自主的な協力を選択できる制度を検討する必要がある。

提言4　自衛隊施設の強靭化

戦略三文書で掲げられた七つの柱の一つとして、自衛隊施設の「持続性・強靭性」が挙げられており、今後十年間で注力していくことが明記された。とはいえ、ミサイルが直撃すればどんな強固な施設でもひとたまりもない。施設の強靭化とは「ミサイルが基地や施設の近くに着弾したときの被害を最小化すること」と捉えることが現実的だろう。

そのために実施すべきことは、①施設を耐震化する、②施設を覆土・地下化する、③施設の機密性を高めて核・生物・化学兵器対策のためフィルターを設ける、④航空機を守る鉄筋コンクリート製の格納庫を設ける、ことなどが挙げられる。

これらの措置をするだけで、相手国が自衛隊の基地や駐屯地を機能不全にするために必要なミサイルの数は数倍から十数倍に跳ね上がり、日本を攻撃するためのハードルが上がる。すなわち、抑止力を向上させる効果が期待できるのだ。

また、一度のミサイル攻撃で司令部の指揮官・幕僚が全滅しないよう司令部のスタッフを二〜三個のグループに分けて交代で勤務するなど、ソフト面での強靭化の工夫も必要だろう。この措置は、長期戦にも対応しやすくなるというメリットもある。

あわせて電磁パルス（Electromagnetic Pulse：ＥＭＰ）攻撃対策も必要だ。電磁パルス攻撃で電子機器が破壊されてしまえば、コンピュータ、レーダー、通信機器、車両、艦船、航空機などが完全に動かなくなり、「石器時代に戻る」という喩《たと》えまであるほどのダメージを受ける。

じつは、電磁パルス攻撃は電子機器や施設をシールド化することで比較的簡単に防護できる。自衛隊のすべての装備品やデバイスを防護することは現実的ではないが、重要なものを選別してシールド化しておくことはできる。

また国家機能を維持し、国民の生活基盤を守るために、自衛隊以外の官民の主要インフラのシールド化も進めていく必要がある。

提言5　中国の国防動員法への対策

有事における中国の国防動員法対策も急務だ。日本には約七六万人の在日中国人がおり、自衛隊、警察、消防、海保の総計（六六・八万人）を上回る。もちろん、在日中国人の存在自体を問題視したいわけではない。そうではなく、一般の人々を使った妨害工作を可能にする法律を中国政府がつくったことが問題なのだ。

国防動員法により、日本にいる中国人が有事の際に自衛隊の防衛作戦を妨害するほか、部隊の装備品や位置情報の暴露、日本国内の厭戦世論の醸成、偽情報の拡散などの妨害を仕掛けてくる可能性がある。また、航空自衛隊の周辺で多数の安価なドローンを飛ばすだけでも戦闘機の離発着を妨害することが容易である。

こうした人海戦術による日本国内での工作への対処は検討が急務である。たとえば、国際人道法であるジュネーブ条約第四条では、状況によっては敵国の文民を抑留することが認められているが、日本の国内法でそれに対応した法律は見当たらない。国会がそのような問題認識のもとに議論したうえで準備を進めるべきだ。

提言6　有事に耐えうる通信手段の整備

ロシアによるウクライナ侵攻の戦況を大きく左右したのが、通信インフラと言っても過言ではないだろう。米宇宙企業スペースXの衛星通信網「スターリンク」の提供を受けたウクライナ側が、作戦や情報戦において高速通信サービスを駆使することでロシアに対して優位な戦いを進めてきた。

一方、台湾有事の要衝となる南西諸島は列島であるために、通信網を複数ルート化することが難しく、敵国に簡単に分断されやすいのが現状だ。これを防ぐため、現有の通信網の主力である地上無線設備と海底ケーブルに加えて無人機を含む空自機を介した空中回線や、小型衛星を使った通信手段などの代替手段の確保が必要だ。

ただし、空中や宇宙経由の代替通信網を構築する場合でも、地上における中継施設は不可欠であることには変わりはない。このような施設は破壊されやすいので強靭化やモバイル化することなどが必要だろう。

また、南西諸島と九州をつなぐ民間の通信網も、自衛隊と同じく非常に脆弱である。民間事業者との連携とあわせて、一つの通信網が破壊されてもそれを補完できる代替手段の確保もしていくことが求められる。

提言7 遺体の取り扱いの検討・整備

戦略三文書に自衛隊員の戦死者の扱いについて明記されていないことは、大きな課題と言える。国家のために命を落とした自衛隊員の遺体を最大限尊重し、名誉あるかたちで遺族のもとに返すためにも、現場部隊が火葬や埋葬をせずエンバーミング（保存処置）するための器材や薬品、人材育成をすることが必要だろう。

戦争が起きれば必ず戦死者が出る。その現実に真摯に向き合い、自衛隊員、隊員の遺族、国民が納得するような取り扱いの検討を進めるべきだ。

また、先進国の軍隊で存在する本人識別情報、たとえばＤＮＡ情報、歯形、黒子《ほくろ》の位置などの身体的特徴のデータベースを自衛隊は整備していないと言われている。この状況では遺体が焼損や欠損した場合の本人確認がきわめて難しい。

国民の遺体の取り扱いについては、火葬を実施するために有事における葬儀業者の協力を取り付ける実効性ある方法を検討する必要がある。現状では火葬の許可は地方自治体が担っており、すべての個別の事案ごとに対応しなければならない。

有事に対応できるよう、火葬の許可ではなく通知だけでよいように手続きを簡略化するほか、行政側が地域や時期を明示して包括的に許可を与える方法など法改正も視野に入れて検討する必要がある。

提言8　自衛隊員の処遇改善

どれほど防衛面の装備を強化しても、人材がいなければ戦うことはできない。だが、自衛隊員の確保は喫緊の課題で、自衛隊の応募者は過去十年でじつに二六％減少した。とくに深刻なのが現場の中心となる「士」の階級で、二〇二二年三月末時点で定員約五万四〇〇〇人に対して八割弱の人員しか埋まっていないのが現状だ。

増額された防衛費を活用して現場の自衛官の待遇とやる気、そして社会的地位をアップさせるために真に効果的な方策を検討すべきだろう。たとえばボランティア休暇や勤務継続歴にあわせた奨励金の設定など、目を引く施策を打ち出して世間の話題に上らせなければ、募集環境は先細る一方だ。

また、公務関連の私費支出をゼロにする取り組みも欠かせない。実際、寒冷地で勤務する自衛官が冬期演習で使う防寒用品や駐屯地の共用場所の清掃委託費用など、本来公務で賄われるべき分野に隊員の私費が使われていることもあるという。こうした事例を全国で調査して撲滅していくことが急務と言える。

もちろん、本丸である給与の改革も欠かせない。公立学校の教員で検討されているように、毎月自衛官に上乗せされている約二十時間分の「残業代」を増やす、各種手当(例：不発弾処理手当の最低額は二五〇〇円/日)を大幅に増額するなどのあらゆる措置を講ずるべきだ。

第5章

習近平の「情報戦」に立ち向かえ

——周回遅れの日本

総統選に介入する中国、苛立つ米国

二〇二三年十月二十四日、台湾の与党・民進党の趙天麟《ちょうてんりん》・立法委員（国会議員）は記者会見を開き、二四年一月の立法委員選挙には出馬しない意向を表明した。その理由について、趙はこう説明した。

「出馬辞退を決めたのは台湾の支持者に対して責任ある態度を示すためだ」

趙は南部・高雄市選出の五十歳。二〇一二年から立法委員に三期連続で当選している民進党のホープで、次期高雄市長の有力候補の一人だった。かつて台湾独立を志向する政党「台湾団結連盟」に所属していたこともあり、対中強硬派と目されていた。二三年一月には来日し、自民党国会議員らと会談している。

不出馬の理由は不倫問題だった。女性と水着姿で写っていたりキスをしたりしている数十枚のツーショットのプライベート写真が、台湾メディアやネット上に流出した。中には東京・お台場で撮影したとみられる写真もあった。

この女性が中国籍であることが台湾メディアによって暴露された。中国共産党統一戦線部と関係があり、ハニートラップ（美人局）の可能性を指摘する専門家もいた。台湾総統選挙の候補である民衆党主席の柯文哲・元台北市長もこう皮肉をこめて揶揄した。

「女性は中国のスパイのようだ。民進党は『口』では反中だが、『体』は親中だ」

台湾当局が真相を解明しているが、高雄市を含めた南部は民進党の支持基盤が盤石な地域だけに、党ホープのスキャンダルのダメージは甚大だった。各メディアがこぞって「民進党の長期政権が腐敗をもたらした」との批判を展開したことで、民進党の総統選候補、頼清徳副総統の支持率の伸び悩みにもつながった。

こうした中国による台湾総統選への選挙介入とみられる動きに対し、米国は神経をとがらせていた。

「米国も中国も台湾の選挙介入をしており、米国の代表機関から、中国の介入の有無について問い合わせがあった」

二〇二三年十一月十五日、柯文哲が台湾のテレビ番組に出演した際、米国の事実上の台湾の大使館にあたる米国在台湾協会から、中国による台湾総統選への介入があったかどうか問い合わせを受けたことを暴露した。

この日、米カリフォルニア州サンフランシスコ近郊で、中国の習近平国家主席と会談したジョー・バイデン米大統領は、「台湾総統選に介入しないように」と警告したことを会談後の記者会見で明らかにした。

何がバイデン政権を苛立たせているのだろうか。

台湾で急速に広まる「疑美論」の危うさ

ちょうどこの直前、民衆党候補の柯文哲と、最大野党の国民党候補の侯友宜・新北市長が協議をした結果、総統候補をどちらかに一本化することで合意したことを発表した。その後、野党候補の一本化は頓挫したものの、この合意にいったん道筋をつけたのが、中国に近い国民党の馬英九・前総統だった。その直前に馬の側近が北京を訪れて中国共産党幹部らと会談し、民衆党に譲歩するように国民党側に迫る談話を発表した。

世論調査で二位と三位の両候補が共闘すれば、首位を維持している頼清徳を逆転する可能性が出てくる。この「二位・三位連合」の背景について、中国による諜報対策に携わる台湾政府関係者が解説する。

「裏で中国政府の国家安全省が策動していたことを確認している。国家安全省が台湾総統選対策のために精鋭を集めた『専従チーム』を結成して選挙介入をしているようだ。依然として国民党内に影響力を持つ馬英九を利用して侯友宜に妥協を促し、柯文哲については複数のスキャンダルを使って圧力をかけたようだ。それまで強気だった柯が突然弱気になって一本化に合意したのもそのためだろう」

この証言を聞いて合点がいった。筆者は総統選に先立つ二〇二三年五月、台湾を訪れて各政党の関係者と会い、地方を視察した。しかし、かつてと比べて、中国による選挙介入の「痕跡」が見えづらくなった、と感じたからだ。

これまで台湾の選挙介入は、中国共産党統一戦線工作部が主に担ってきた。民進党の支持基盤が強い南部の農作物や水産物を買ったり、地元の有力者らを中国に招いて手厚い接待をしたりするなど、取り込みを進めてきた。いわば「見えやすい介入」だったと言っていいだろう。だが実際、こうした統一戦線部による工作はうまくいってきたとはいえず、中国当局も手をこまねいてきた。

そこで習近平指導部は二〇二四年の総統選では、従来の統一戦線工作部ではなく、諜報機関である国家安全省の精鋭チームが主導する「ステルス介入」に変更したのだろう。前出の趙天麟のハニートラップも、このチームが関与していた可能性がある。

こうした習政権による新手法は効果を出しているようだ。

筆者は二〇二三年五月に台湾を訪れ、旧知の政府当局者や研究者、メディア関係者らと意見交換を重ねた。コロナ禍で訪台できなかったため、およそ三年ぶりの対面での面会となった。この際、前回まであまり聞いたことがない言説を頻繁に耳にした。

「米国はもはや信用できない。有事の際にも我々を見捨てるのは間違いない」

「米国こそが（台湾・中国の）両岸関係を乱しているのではないか」

米国に対する不信感が高まっていることを実感した。驚くことに比較的、親米と思われる台湾の有識者まで「社会や政治の分断は深刻になっている。米国の時代は終わった」「米国の覇権は幻想に過ぎない」などと発言していたのだ。

こうした見方は、台湾で「疑美論」と呼ばれている。「美」とは中国語で米国を意味し、「米国不信論」を意味する。以前から中国側が台湾と米国の離間を図るため、台湾の専門家やメディアを通じて流布されている。これまでは比較的、中国寄りの政治家や研究者を中心に語られていた。

だが、今回は広く台湾の有識者の間で広まっていたのだ。しかも、これまでのような「米国を頼れない」といった言説だけではなく、「米国こそが台湾海峡の平和と安定を害している」といった批判的なトーンが目立っていた。

その原因の一つとして、二〇二二年二月のロシアによるウクライナ侵攻が挙げられる。ロシア軍によるウクライナ市民の虐殺など、凄惨な映像が連日のように台湾メディアによって報じられた。「次は自分たちの番ではないか」という危機感とともに厭戦ムードも高まった。ウクライナと同盟関係にはない米国のバイデン政権が早々にウクライナには米軍を派兵しないことを公言したことで、「有事の際に米国は助けてくれない」という言説も広まった。

そしてもう一つ、筆者が重要な転換点になったとみているのが、二〇二二年八月のナンシー・ペロシ米下院議長による台湾訪問だ。ペロシの訪台後、中国人民解放軍は台湾「封鎖」演習と称して、一週間にわたり台湾を取り囲むようにミサイル演習を実施した。その後も断続的に中国軍は航空機や艦艇を台湾周辺に派遣して圧力を強めている。

それまで台湾有事を引き起こすのは、台湾内の独立に向けた動きか、中国側による侵攻だと多くの有識者らは想定してきた。しかし、今回のペロシ訪台によって、有事の引き金を米国が引くということを台湾の人々は認識したのだ。

こうした「疑美論」が台湾に広まるほど、統一工作を進める中国にとっては有利になるといえよう。「米国は有事の際、台湾を守ってくれないのではないか」という疑念を生じさせることで、米国と台湾を離反させることができるからだ。

有事に向けて本格化する「影響力工作」

さらにこうした台湾の人々の不信感の火に油を注いだとみられるのが、中国による「影響力工作（インフルエンス・オペレーション）」だ。これは情報戦の一種で、相手国の意思決定に関わる機関や人物の行動に変容を促し、自国に有利な方向性へと導く手法のことだ。ネットやメディアを通じて社会構造に鋭く食い込んで民主主義を弱体化させることから、「シャープ・パワー」とも呼ばれる。

中国の影響力工作を調査している台湾のNPO「ダブルシンク・ラボ（Doublethink Lab）」は、二〇二二年九月から三カ月間のネットの掲示板やSNSに掲載された書き込みのうち、約二九〇〇件の情報について真偽が疑わしいとして分析をした。サイトの運営者や書き込みを調査したところ、中国のSNS「微博（ウェイボー）」が発信元となり、「疑美論」が拡散されていた事実が明らかになった。

中でも際立っていたのが、台湾の半導体メーカー「台湾積体電路製造（TSMC）」をめぐる情報だった。米通信社ブルームバーグが二〇二〇年十月、台湾有事をめぐるＴＳＭＣの対応を次のように報じた。

「不測の事態では最悪、企業のエンジニアたちを避難させることも検討する可能性がある」

この報道が、「微博」を中心に転載され、数週間後には台湾のＳＮＳ上でも拡散された。

「民進党政権はＴＳＭＣを米国に売り渡した」

「ＴＳＭＣのチャーター機が米国に向けて出発した」

瞬く間に台湾のＳＮＳ上に、蔡英文政権や米国を批判する論調となって広まった。中には人工知能（ＡＩ）を使ったとみられる同じ文章を頻繁に投稿するアカウントもあった。

一本の米メディアの報道が、ＳＮＳ上で転載されるうちに「疑美論」にすり替わり、あたかも真実として拡散されていく過程が浮かび上がった。

こうした中国側による「疑美論」の拡散も、台湾有事に向けた影響力工作の一環なのだ。

現在の台湾と中国を比べると、軍事力では中国が圧倒的に強い。だからこそ、台湾有事が起こった場合の肝は、「米軍が参戦して台湾を防衛するかどうか」がカギとなる。

もし、米国への疑念を感じさせて「有事の際に米国が助けに来てくれなければ台湾は終わりだ。諦めて降伏してしまおう」という心情に傾けば、米台関係に亀裂が入り、中国は台湾併合を進めやすくなる。一方の米国内でも、「台湾がこれほど米国にネガティブなのであれば、無理して助ける必要はない」という空気が世論や議会に生じかねない。

習近平政権は台湾有事を見据えた世論工作を本格化させているとみていいだろう。

TikTokリスクと周回遅れの日本

中国が仕掛ける情報戦に対し、欧米では以前より、中国系動画投稿アプリ「TikTok（ティックトック）」排除の動きが広がっている。アプリを通じて中国側にスマートフォン内の情報が流出する懸念が高まっているからだ。

米国では二〇二二年十二月、連邦政府のパソコンやスマートフォンでの使用を禁止する法律が成立しており、バイデン政権は二〇二三年二月二十七日、連邦政府の機器からTikTokを三十日以内に削除するよう指示した。

欧州連合（EU）の欧州委員会も同二十三日、約三万二〇〇〇人の全職員に対しTikTokの使用を停止し、業務用のスマホからアプリを削除するように指示したことを発表した。カナダ政府も同二十七日、「情報セキュリティー面で許容できないレベルのリスクがある」として、政府支給の端末でのＴｉｋＴｏｋ使用を禁止した。

各国が指摘する「リスク」とは、どのようなものなのだろうか。

筆者は、朝日新聞編集委員だった二〇二一年一月、同僚記者とＴｉｋＴｏｋのリスクについて調査報道をした。専門家に解析してもらった結果、機種や通信先に関する情報のほか、スマホの所有者と結びつくような情報を外部に送信するプログラムを内蔵していたことを突き止めた。

米国のトランプ政権が、アプリの危険性を指摘した二〇二〇年八月には、一連のプログラムは削除されていたこともわかった。

さらに、米誌『フォーブス』は二〇二二年十二月、ＴｉｋＴｏｋを運営する中国のＩＴ大手「バイトダンス（字節跳動）」の従業員が、同誌の複数の記者の位置情報などにアクセスしていたことを報じた。同誌記者がバイトダンス幹部の社内向けのメールを入手してわかったという。同誌はこれまで、ＴｉｋＴｏｋと中国政府とのつながりを報じていた。記者の情報源を探ろうとした可能性がある。

こうした報道などを受け、米国内では警戒が高まっており、米議会には政府当局者に限らず米国内でＴｉｋＴｏｋの使用自体を禁じる法案が超党派で提案されている。

ＴｉｋＴｏｋのリスクについて、ＦＢＩ（米連邦捜査局）のクリストファー・レイ長官は二二年十一月の米下院で、「ＦＢＩは国家安全保障上の懸念を持っており、中国政府がアプリを通じて、数百万人の利用者のデータ収集を制御したり、個人の端末に技術的な攻撃をしたりする可能性がある」と証言している。

ＴｉｋＴｏｋを含めた中国製アプリに詳しい米政府関係者は、そのリスクについて次のように解説する。

「我が国の情報機関が中国製アプリを調べたところ、一度スマートフォンにダウンロードすると、そのあとアンインストールしても外部に送信するプログラムが残っていることが判明した。我が国の政府高官や企業幹部が訪中する際、ふだん使っているスマートフォンを持参しないように勧告しているのもそのためだ」

バイトダンス社はこれまで、中国政府など第三者への情報提供を一貫して否定している。欧米諸国の懸念を受け、法執行機関への情報提供についても利用規約を何度も改訂し、より透明性を高めた形跡もある。

しかし、中国には「国家情報法」があり、中国の企業や個人に対し、諜報活動への協力を義務付けている。中国政府が同社に情報提供を命じた場合は従わざるを得ないのだ。

一方、日本政府の動きは鈍い。

デジタル庁は二〇二二年九月、マイナンバーカードの普及の広報活動にTikTokを利用した。同庁は「問題ない」としたが、自民党の一部の議員からは安全性を疑問視する声が上がった。

欧米諸国の動きを受け、松野博一官房長官は二三年二月二十七日の記者会見で、政府職員が使用する公用端末のうち、機密情報を扱う一部の機器を対象にTikTokの利用を禁止していると説明した。

これまでの「無策」といえる状況と比べれば一歩前進といえるが、欧米諸国と比べると対応は周回遅れと言わざるを得ない。日本政府の対応が遅れると、米政府などから「情報管理に問題がある」と判断され、日米両政府間の情報共有などに悪影響が出る可能性も否定できない。

LINE攻撃元は中国の可能性

LINEヤフーは二〇二三年十一月二十七日、アプリの利用者情報など約四四万件が流出した可能性があると発表した。このうち三九万件は実際の流出を確認した。この中で利用者の個人情報は約三〇万件で、うち日本の利用者分は約一三万件だった。利用者の国や性別、年代のほか、通話ページの表示回数、スタンプの購入履歴、企業の「公式アカウント」の予約情報など、同社の主要なサービスに関連する個人情報が漏れていたことになる。

さらに深刻なのが、この流出した個人情報の中に憲法が定める「通信の秘密」にあたる情報が約二万二〇〇〇件含まれていたことだ。

同社によると、LINEが管理のため利用者につける社内用の「識別子」や、メッセージが文書か写真かを示す情報なども含まれており、これらを解析すれば利用者の氏名などを特定できる可能性があるという。

しかも、その漏洩経路を聞いて愕然とした。

同社の大株主である韓国ネット大手「ネイバー」の子会社の取引先が使っているパソコンが、マルウェア（悪意のあるソフトウエア）に感染したことがきっかけだった。ネイバーと共通のシステムを使用していたLINEヤフーもサイバー攻撃を受けたという。

その「共通システム」とはどのようなものだろうか。

同社から報告を受けた日本政府当局者らの話を総合すると、問題のシステムは韓国のネイバーにあるクラウド内にあり、ＬＩＮＥヤフー社の社員のＩＤやパスワードなどの重要な情報が保管されていた。それが攻撃側に流出したことで、ＬＩＮＥ側の社内のシステムが丸裸の状態になり、今回の大量の利用者の情報流出につながったという。

つまり、最重要な情報を共有していたネイバーとＬＩＮＥは実質、同一の会社だったということが露呈したのだ。

今回の流出について、ＬＩＮＥヤフーは「利用者や取引先の情報を利用した二次被害の報告は受けていない」としており、ネイバーも「ネイバー側の被害は確認されていない」とコメントした。

ただ、サイバー攻撃に詳しい専門家の分析によると、今回の攻撃元は中国国内である可能性が高いという。両社とも「被害がなかった」と言い切れないのはそのためではないか。万が一、中国側が日本の機密情報を入手したとすれば、事態はより深刻である。

国産アプリ開発を検討すべき

今回の事件は、ＬＩＮＥヤフー側による利用者への裏切り行為だとみている。

なぜなら、筆者が二〇二一年三月、『朝日新聞』でスクープした一連のＬＩＮＥの個人情報保護問題と、構図がほぼ同じだからだ。

筆者は四カ月余りかけて、ＬＩＮＥの内部情報や従業員らの証言を集め、ＬＩＮＥが委託している中国の関連会社の従業員らが、日本にある利用者の個人情報が保管されているサーバーにアクセスしていたことを調査報道した。合わせて、利用者間でメッセージをやりとりするサービス「トーク」に投稿された、すべての画像と動画を韓国内のサーバーに保管している事実を報じた。

この報道を受け、総務省や金融庁、個人情報保護委員会が調査に乗り出し、ＬＩＮＥの社内システムの安全性の不備などを指摘したうえで、業務の改善を指導した。

ＬＩＮＥの経営陣も謝罪会見を開き、中国からのアクセスを遮断したと説明。韓国のサーバーに保管していた画像や動画データは順次、すべて国内に移す方針を発表した。

言い換えれば、日本におけるＬＩＮＥのシステムを、中国と韓国から完全な「デカップリング（切り離し）」をすることで、再発防止を利用者に誓っていたのだ。

ＬＩＮＥは今や、国内外で利用者約二億人のプライバシーを預かるだけではなく、政府や自治体のサービスを担う日本の「公共インフラ」といえる存在となった。

にもかかわらず、今回の問題によって、ＬＩＮＥ側が二年半前に利用者に誓った約束を十分に履行していなかった可能性があり、信用低下は避けられない。だが、メディアによる事実解明は十分とはいえない。

企業やメディアの自浄作用に期待ができないのならば、今こそ国が本格的な事件の全容解明に着手し、国民のプライバシーや安全を守る対策に本腰を入れるときだ。合わせて、より安全性の高い「Ｓｉｇｎａｌ（シグナル）」など他のアプリの使用や、「国産アプリ」の開発も含めた「脱ＬＩＮＥ」に向けた動きも検討すべきだろう。

習近平の「琉球」発言に秘められた真意

中国が進める「情報戦」の領域は、歴史の分野にも及ぶ。二〇二三年六月四日付の中国共産党機関紙『人民日報』の一面に、習近平が国家文書館と中国歴史研究院を視察したという記事が掲載された。習は一九九〇年から三年ほど、トップの書記として勤務した福建省福州市での思い出を、次のように語っていた。

「私が勤務していた福州市には、琉球館や琉球墓地があり、琉球との往来の歴史が非常に深いことを知った。当時、『閩人《びんじん》三十六姓』が琉球に渡ってもいる」

習は、明朝が琉球王国に派遣した冊封正使、陳侃《ちんかん》が一五三四年にまとめた記録『使琉球録』について、担当者から紹介されたという。

「琉球館」とは、福州に置かれていた琉球王国の出先機関で、「琉球墓地」とは、福州で客死した琉球の人々を葬った墓地である。「閩人三十六姓」とは、一三〇〇年代に閩《びん》と呼ばれた今の福建省から琉球に渡った人々のことだ。「久米三十六姓」とも呼ばれる。

『使琉球録』について、担当者が「釣魚島（沖縄県・尖閣諸島の中国語名）が中国に属していたことを示す最古の文書」と説明すると、習は次のように強調したという。

「典籍や書籍の収集と照合作業を進めることは、中国文明の継承と発展にとって重要だ」

習が公の場で沖縄について言及するのは、異例のことだ。この短いやり取りだけでは、習の真意は読み取れない。

だが、筆者は「習主席は沖縄の歴史について強いこだわりを持っている」と複数の中国共産党関係者から聞いたことがある。その矛先は、尖閣諸島にとどまらず、沖縄の「帰属問題」に向けられているのだ。実際、習が国家主席に就いた約二カ月後、『人民日報』に次のような論文が掲載された。

「琉球王国は、明・清両朝の時代には中国の藩属国だったが、日本が武力で併合した。歴史的に未解決の琉球問題を再び議論できるときが来た」

論文には、中国政府のシンクタンク、中国社会科学院の二人の研究者の署名があった。中国政府は沖縄を日本領と認めているが、中国の領有権を示唆する内容といえた。その後も、強硬派の中国軍の将官らが「琉球は本来、中国のものだった」「沖縄の日本の領有権を検証すべき」などと、「沖縄帰属問題」を指摘する発言が出るようになった。

一五〇万人近い住民が住み、米軍基地もある沖縄の「帰属問題」と言われても日本人の目には荒唐無稽に映るだろう。

中国指導者の発言に無意味なものはない

だが、これが「一強体制」の頂点に立った習近平の口から提起されたことの意義を過小評価してはならない。トップの意向を受け、共産党や政府が沖縄に対する世論工作や「親中派」の支援などの「統一戦線工作」を仕掛けてくる可能性がある。軍などが尖閣諸島を含めた沖縄県一帯での圧力を強めることもあるだろう。

この状況下で二〇二三年七月、沖縄県の玉城デニー知事が日本の経済団体とともに訪中した。四日に琉球国墓地跡（明清代に中国へ渡った琉球使節らの埋葬地）碑を参拝して、こう語った。

「中国と沖縄のつながりをしっかり結び、平和で豊かな時代をつくるため努めたいとお祈りした」

続く六日には福建省福州市で地元幹部と会談し、経済交流を促進する施設「福建・沖縄友好会館」を訪れた。玉城は訪中前の会見でも「沖縄と中国の長く深い交流の歴史を温めていくことが、交流発展の礎になる」と発言している。玉城の言動は中国側に観察されており、「統一戦線工作」に利用されるのは間違いない。

筆者は常々、中国は「言葉の国」だと講演会やメディアの取材に対して説明している。中国政府高官が発する言葉や文書の文言には、何らかの意図や狙いが込められているからだ。とくに一四億人のトップに立つ指導者の発言に無意味なものはない。次の行動に向けた「狼煙《のろし》」とみたほうがいいだろう。

にもかかわらず、日本の政府やメディアの反応や論評がほとんどないことに強い危機感を覚える。これほど重要な発言を見逃しているのか。勉強不足で重要性に気づいていないのか。対中関係に配慮して見て見ぬふりをしているのか。中国側の言動の「サイン」を軽視していると、中国の「統一戦線工作」の展開を見誤り、「情報戦」に敗北する事態を招きかねない。

中国メディアが沖縄関係の世論工作を開始

実際、二〇二三年六月四日付の『人民日報』が報じた習近平の「琉球（沖縄）発言」を受けて、筆者は当時、メディアで先述のような警告を発していたのだが、これについて、一部の専門家からは「中国政府は帰属問題を本気で考えているはずがない」などとの指摘を受けた。

だが筆者が危惧した通り、習の「狼煙」を受けて、共産党の「喉と舌」である中国メディアによる世論工作がその直後から早速、始まったのだ。習の発言を紹介する形で、中国と沖縄の長年の歴史を紹介し、沖縄を日本政府が「奪い取った」とする内容がほとんどだった。

中でも目を引いたのは、中国南部、広東省の深圳テレビが二三年六月十二日に放送した特集番組だ。約五十分間にわたり、中国の学者や研究者の証言を紹介しながら、中国と沖縄の関係を振り返っている。

とくに時間を割いたのが、習も言及した「閩人三十六姓」だった。一三〇〇年代に閩と呼ばれた今の福建省から琉球に渡った人々のことで、「久米三十六姓」とも呼ばれる。その子孫である仲井眞弘多《なかいまひろかず》元沖縄県知事らの名前を挙げ、今でも沖縄政界で活躍していることを強調している。

このことについて、中国政府系シンクタンクの研究者はこう解説した。

「中華文化の生命力を示しており、異国の地に根を張って力強く生きている」

日本の大学教授にもインタビューし、一八七九年に琉球王国を清国の冊封体制から切り離して沖縄県に編入した「琉球処分」について、「日本が軍隊を派遣して強制的に編入したもので、琉球人が自らの意思によって決めたわけではない」というコメントを紹介した。

そのうえで、「台湾有事」との関連についても取り上げており、「第二次大戦で苦しんだ沖縄では再び、米国とともに軍事配備を強化しており、軍事要塞化しようとしている」と批判している。

また、二三年六月九日に玉城デニーが防衛省を訪れ、沖縄県内にミサイル配備をしないよう求めたことも紹介した。そのうえで、翌七月の玉城の訪中が日中平和友好条約締結から四十五周年を迎えた二三年にとって「一筋の光明となる」と期待感を示した。

筆者の指摘が、「杞憂《きゆう》」でも「大げさ」でもなかったことが裏付けられたといえよう。にもかかわらず、日本政府の反応は極めて鈍かった。国会も、緊急性が高いとは思えないLGBT理解増進法案の議論に時間を浪費していた。

中国が本格的に提起してきた「沖縄帰属問題」に対抗する「世論戦」を早急にしていく必要がある。

有事に備えた議論と準備を

二〇〇七年十月の第一七回中国共産党大会で、胡錦濤国家主席は世界における中国の発言権を強めるため、情報の発信力強化を打ち出した。その活動は習近平政権になってさらに強化され、二〇一九年には一〇〇カ国以上でさまざまな情報工作が行われている。

中国政府が最も力を入れているのが、中国国営の中国国際テレビ（CGTN）だ。CGTNは二〇一六年末、中国政府が海外発信強化のため、中国国営中央テレビ（CCTV）から、英語やフランス語など六つの外国語放送を移管して発足した。各国の衛星放送やケーブルテレビ向けにニュースなどを二十四時間放送する。世界約一七〇カ国で放送され、約三億八〇〇〇万人の視聴者がいるとされる。

その海外最大拠点となるCGTNアメリカの本部はワシントンにある。その内部を筆者は二〇一八年に訪問する機会を得た。

官公庁が集まる中心部の一角にある真新しいガラス張りのビルに入居している。同社幹部によると、約二四〇人の記者やアナウンサーのうち約二〇〇人が英語を母語とし、米CNNやFOXニュースなどから引き抜いた。

「影響力を持つ対外宣伝メディアを作る」という習近平の号令の下、欧米が主導権を握ってきた国際世論の形成に、中国が挑んでいる。欧米メディアの優位を揺るがすには至っていないが、経済力を背景に、アフリカなどの途上国で浸透し始めている。

かつての情報工作は、中央宣伝部や情報機関、軍などがばらばらに活動を行っていた節があった。しかし近年は習近平直轄の中央弁公室によるグリップが利くようになり、徐々に連携を深めており、その手法が洗練化されているようだ。

日本においても、中国による影響力工作が本格化している。SNS上では、習近平指導部の政策や主張を擁護するような投稿が拡散されているほか、日本国内の対立を煽るような書き込みも少なくない。

こうした中国による影響力工作に対抗するため、日本でもようやく二〇二二年四月、防衛省がインターネットやＳＮＳでのフェイクニュースを通じた世論誘導を防ぐグローバル戦略情報官を設置したが、圧倒的なマンパワー不足が指摘されている。

習近平指導部が台湾有事を念頭に着実に影響力工作を進めている現状を直視し、日本も国を挙げた対策を採る必要に迫られている。

おわりに

二〇二〇年十月の夕刻、東京・永田町の衆議院第一議員会館の一二一二号室の控室。筆者は安倍晋三元総理と膝詰めで座っていた。

その一カ月ほど前、本書の第1章で紹介した『文藝春秋』に寄稿した「習近平の『台湾併合』極秘シナリオ」を元に自民党の部会で講演をした。その直後、安倍から電話があった。

「参加した同僚議員から興味深い講演だったと聞きました。発表用の資料をいただけませんか」

筆者の資料は図や写真が主体でわかりづらいので、安倍の議員会館議員事務室で改めてレクチャーをすることになった。シナリオを元に次の二点を強調した。

・中国人民解放軍の内部資料などには、中国軍は台湾侵攻の際、日本の排他的経済水域（EEZ）をはじめ、在日米軍基地や自衛隊基地にミサイル攻撃することが明記されている。
・中国の艦艇により台湾周辺を封鎖する海域は、日本のシーレーン（海上交通路）とほぼ重なり、日本のエネルギーや食料供給に深刻なダメージをもたらす。

安倍は黙々と、赤ペンで資料にメモを書きこみながら、いつもよりも低めの声のトーンでこうつぶやいた。

「つまり台湾有事はまさに日本の有事なんですね」

翌二一年十二月の台湾の民間シンクタンクが開いたシンポジウムで安倍が言及した「台湾有事は日本有事であり、日米同盟の有事でもある」という言葉が生まれた瞬間だった。

予定時間を大幅に超えて一時間半が過ぎたころだった。本シナリオで想定した「二〇二四年」と記した部分を安倍はぐるぐると赤ペンで囲みながら、筆者を凝視して声のトーンを上げた。

「この年は極めて重要ですね。一月の台湾総統選だけではなく、九月には自民党総裁の任期もある。そして十一月の米大統領選と続く。このとき、この国を誰が導いているかが極めて重要です」

このとき、安倍が「三度目の総理登板を考えているのでは」と気づいた。このレクチャー後、筆者が安倍の控室に呼ばれてレクチャーをする頻度が増えた。毎回必ず尋ねられたのは台湾有事関連だった。安倍との面会を重ねるごとにその質問はより現実的かつ具体的な内容となっていった。安倍が「総理三選」を狙っているという筆者の仮説は、確信へと変わった。だが、その安倍は二〇二二年七月八月、奈良市で参議院選挙の応援演説中に凶弾に倒れた。

安倍政権下で四年余り外相を務めた岸田文雄は、その遺志を実現するように、戦略三文書を改定し、敵国のミサイル発射拠点などをたたく「反撃能力」を保有し、防衛費を国内総生産（GDP）比で二％に倍増する方針を打ち出した。

戦後の日本の防衛政策を大きく変更する決断だと筆者は評価している。だがそれを具体化する議論が進んでいるようにはみえない。本書で示したシミュレーションからわかるように、自衛隊の施設の老朽化や貧弱な装備に加え、肝心の応募者は減少傾向が続いており、定員割れしている部隊が出ている。その自衛隊の補給や整備などの後方支援のほか、港湾や空港などのインフラを管理する民間企業の従業員らの有事の際の対応法や法的位置付けもほとんど議論されていない。過酷な状況下で迅速に決断を下す政治家の訓練やシミュレーションも十分とはいえない。

日本の国内態勢が整わないまま、二〇二四年十一月の米大統領選で、ドナルド・トランプが勝利したらどうなるのか。「素人大統領」だったトランプは一期目、共和党議員らが推薦した優秀な官僚や軍人をスタッフに置いた。そして何よりも、トランプは当選直後の二〇一六年十一月に米ニューヨークで初対面した安倍晋三のことを初めて親鳥を見たひよこの如く信じ、事あるごとに助言を求めてきた。

だが、「トランプ２・０」は、共和党主流派の言うことには耳を傾けず、我が意のままの政権運営をしていくだろう。そして盟友だった安倍はもういない。トランプの持論である在日米軍の負担増や日米同盟の見直しを日本側に迫ってくる可能性は十分あるだろう。

脅威が高まりつつある台湾有事を前に、日本がやるべき対策はあまりにも多い。本書を読み終えた読者は諦めの思いを抱くかもしれない。

だが、前出の戦略三文書のように、これまで不可能と思われてきた政策や文書が矢継ぎ早に打ち出され、防衛政策の根本的な見直しが進められている。防衛省は米国製巡航ミサイル「トマホーク」の配備開始を一年前倒しにして二〇二五年に導入することも決めた。筆者が所属するキヤノングローバル戦略研究所で主催した台湾有事を想定した政策シミュレーションに参加した政治家や官僚の間でも、独自に組織を越えた勉強会をつくったり省内でシミュレーションを実施したりする動きが広まっている。

本書がこうした動きを後押しする一助となれば、著者としてこの上ない喜びである。

本書で紹介した台湾有事を想定した政策提言をはじめ、政策シミュレーションの実施にあたり、研究者の道を歩み始めた筆者に対し、全面的なご支援とご指導をいただいたキヤノングローバル戦略研究所の福井俊彦理事長をはじめ、堀井昭成、林良造、宮家邦彦の各理事・特別顧問に謝意を申し上げたい。いずれの活動も事務局の手嶋典子主任をはじめ、激論を交わした匿名の官僚や自衛官、アルバイトの皆様のご協力がなければ成し得なかった。また、政策提言を全文掲載していただいたＰＨＰ研究所の『Ｖｏｉｃｅ』編集長の水島隆介氏、そして極めてタイトなスケジュールにもかかわらず神業的な編集作業をしていただいた白地利成氏には心より感謝を申し上げたい。

二〇二四年一月　総統選の熱気が冷めない台北にて

峯村健司

PHP新書
PHP INTERFACE
https://www.php.co.jp/

峯村健司［みねむら・けんじ］

キヤノングローバル戦略研究所主任研究員。北海道大学公共政策学研究センター上席研究員。1974年、長野県生まれ。朝日新聞入社後、北京・ワシントンで計9年間特派員を務める。ハーバード大フェアバンクセンター中国研究所客員研究員、朝日新聞編集委員（外交・米中関係担当）を経て現職。2011年、優れた報道で国際理解に貢献したジャーナリストに贈られるボーン・上田賞を受賞。著書に『十三億分の一の男』（小学館）、『潜入中国』（朝日新書）、『ウクライナ戦争と米中対立』（共著、幻冬舎新書）など、監訳書に『中国「軍事強国」への夢』（劉明福著、文春新書）がある。

台湾有事と日本の危機
習近平の「新型統一戦争」シナリオ

（PHP新書 1387）

二〇二四年二月二十九日　第一版第一刷
二〇二四年三月二十八日　第一版第二刷

著者——峯村健司
発行者——永田貴之
発行所——株式会社ＰＨＰ研究所
東京本部——〒135-8137 江東区豊洲5-6-52
ビジネス・教養出版部 ☎03-3520-9615（編集）
普及部 ☎03-3520-9630（販売）
京都本部——〒601-8411 京都市南区西九条北ノ内町11
組版——有限会社メディアネット
装幀者——芦澤泰偉＋明石すみれ
印刷所
製本所——大日本印刷株式会社

ISBN978-4-569-85653-7

ＰＨＰ新書刊行にあたって

「繁栄を通じて平和と幸福を」(PEACE and HAPPINESS through PROSPERITY)の願いのもと、ＰＨＰ研究所が創設されて今年で五十周年を迎えます。その歩みは、日本人が先の戦争を乗り越え、並々ならぬ努力を続けて、今日の繁栄を築き上げてきた軌跡に重なります。

しかし、平和で豊かな生活を手にした現在、多くの日本人は、自分が何のために生きているのか、どのように生きていきたいのかを、見失いつつあるように思われます。そして、その間にも、日本国内や世界のみならず地球規模での大きな変化が日々生起し、解決すべき問題となって私たちのもとに押し寄せてきます。

このような時代に人生の確かな価値を見出し、生きる喜びに満ちあふれた社会を実現するために、いま何が求められているのでしょうか。それは、先達が培ってきた知恵を紡ぎ直すこと、その上で自分たち一人一人がおかれた現実と進むべき未来について丹念に考えていくこと以外にはありません。

その営みは、単なる知識に終わらない深い思索へ、そしてよく生きるための哲学への旅でもあります。弊所が創設五十周年を迎えましたのを機に、ＰＨＰ新書を創刊し、この新たな旅を読者と共に歩んでいきたいと思っています。多くの読者の共感と支援を心よりお願いいたします。

一九九六年十月

ＰＨＰ研究所

PHP新書

［政治・外交］

893 語られざる中国の結末　宮家邦彦
898 なぜ中国から離れると日本はうまくいくのか　石 平
920 テレビが伝えない憲法の話　木村草太
931 中国の大問題　丹羽宇一郎
954 哀しき半島国家　韓国の結末　宮家邦彦
967 新・台湾の主張　李 登輝
979 なぜ中国は覇権の妄想をやめられないのか　石 平
988 従属国家論　佐伯啓思
1000 アメリカの戦争責任　竹田恒泰
1024 ヨーロッパから民主主義が消える　川口マーン惠美
1060 イギリス解体、EU崩落、ロシア台頭　岡部 伸
1076 日本人として知っておきたい「世界激変」の行方　中西輝政
1083 なぜローマ法王は世界を動かせるのか　徳安 茂
1122 強硬外交を反省する中国　宮本雄二
1124 チベット　自由への闘い　櫻井よしこ
1135 リベラルの毒に侵された日米の憂鬱　ケント・ギルバート
1137 「官僚とマスコミ」は嘘ばかり　髙橋洋一
1153 日本転覆テロの怖すぎる手口　兵頭二十八
1155 中国人民解放軍　茅原郁生
1157 二〇二五年、日中企業格差　近藤大介
1163 AI監視社会・中国の恐怖　宮崎正弘
1169 韓国壊乱　櫻井よしこ／洪 熒
1180 プーチン幻想　グレンコ・アンドリー
1188 シミュレーション日本降伏　北村 淳
1189 ウイグル人に何が起きているのか　福島香織
1196 イギリスの失敗　岡部 伸
1208 アメリカ 情報・文化支配の終焉　石澤靖治
1212 メディアが絶対に知らない2020年の米国と日本　渡瀬裕哉
1225 ルポ・外国人ぎらい　宮下洋一
1226 「NHKと新聞」は嘘ばかり　髙橋洋一
1231 米中時代の終焉　日高義樹
1236 韓国問題の新常識　Voice編集部［編］
1237 日本の新時代ビジョン　鹿島平和研究所・PHP総研［編］
1241 ウッドロー・ウィルソン　倉山 満
1248 劣化する民主主義　宮家邦彦
1250 賢慮《けんりょ》の世界史　佐藤 優／岡部 伸
1254 メルケル 仮面の裏側　川口マーン惠美
1260 中国 vs. 世界　安田峰俊
1261 NATOの教訓　グレンコ・アンドリー

1274 日本を前に進める　河野太郎
1287 トランプvsバイデン　村田晃嗣
1292 タリバンの眼《め》　佐藤和孝
1297 誤解しないための日韓関係講義　木村　幹
1300 お金で読み解く世界のニュース　大村大次郎
1304 儲かる！米国政治学　渡瀬裕哉
1306 ウクライナ戦争における中国の対ロ戦略　遠藤　誉
1309 「動物の権利」運動の正体　佐々木正明
1325 台湾に何が起きているのか　福島香織
1327 政治と暴力　福田　充
1354 北極海 世界争奪戦が始まった　石原敬浩

［経済・経営］

187 働くひとのためのキャリア・デザイン　金井壽宏
379 なぜトヨタは人を育てるのがうまいのか　若松義人
450 トヨタの上司は現場で何を伝えているのか　若松義人
543 ハイエク 知識社会の自由主義　池田信夫
587 微分・積分を知らずに経営を語るな　内山　力
594 新しい資本主義　原　丈人
752 日本企業にいま大切なこと　野中郁次郎／遠藤　功
852 ドラッカーとオーケストラの組織論　山岸淳子
892 知の最先端　クレイトン・クリステンセンほか［著］／大野和基［インタビュー・編］
901 ホワイト企業　高橋俊介
932 なぜローカル経済から日本は甦るのか　冨山和彦
958 ケインズの逆襲、ハイエクの慧眼　松尾　匡
985 新しいグローバルビジネスの教科書　山田英二
998 超インフラ論　藤井　聡
1023 大変化――経済学が教える二〇二〇年の日本と世界　竹中平蔵
1027 戦後経済史は嘘ばかり　髙橋洋一
1029 ハーバードでいちばん人気の国・日本　佐藤智恵
1033 自由のジレンマを解く　松尾　匡
1080 クラッシャー上司　松崎一葉
1084 セブン-イレブン1号店　繁盛する商い　山本憲司
1088 「年金問題」は嘘ばかり　髙橋洋一
1114 クルマを捨ててこそ地方は甦る　藤井　聡
1136 残念な職場　河合　薫
1162 なんで、その価格で売れちゃうの？　永井孝尚
1166 人生に奇跡を起こす営業のやり方　田口佳史／田村　潤
1172 お金の流れで読む　日本と世界の未来　ジム・ロジャーズ［著］／大野和基［訳］
1174 「消費増税」は嘘ばかり　髙橋洋一
1175 平成の教訓　竹中平蔵

1187 なぜデフレを放置してはいけないか　岩田規久男
1193 労働者の味方をやめた世界の左派政党　吉松　崇
1198 中国金融の実力と日本の戦略　柴田　聡
1203 売ってはいけない　永井孝尚
1204 ミルトン・フリードマンの日本経済論　柿埜真吾
1220 交渉力　橋下　徹
1230 変質する世界　Voice編集部［編］
1235 決算書は3項目だけ読めばいい　大村大次郎
1258 脱GHQ史観の経済学　田中秀臣
1265 決断力　橋下　徹
1273 自由と成長の経済学　柿埜真吾
1282 データエコノミー入門　野口悠紀雄
1295 101のデータで読む日本の未来　宮本弘曉
1299 なぜ、我々はマネジメントの道を歩むのか［新版］　田坂広志
1329 51のデータが明かす日本経済の構造　宮本弘曉
1337 プーチンの失敗と民主主義国の強さ　原田　泰
1342 逆境リーダーの挑戦　鈴木直道
1348 これからの時代に生き残るための経済学　倉山　満
1353 日銀の責任　野口悠紀雄
1371 人望とは何か？　眞邊明人

［**心理・精神医学**］

103 生きていくことの意味　諸富祥彦
304 パーソナリティ障害　岡田尊司
364 子どもの「心の病」を知る　岡田尊司
381 言いたいことが言えない人　加藤諦三
453 だれにでも「いい顔」をしてしまう人　加藤諦三
862 働く人のための精神医学　岡田尊司
895 他人を攻撃せずにはいられない人　片田珠美
910 がんばっているのに愛されない人　加藤諦三
952 プライドが高くて迷惑な人　片田珠美
953 なぜ皮膚はかゆくなるのか　菊池　新
956 最新版「うつ」を治す　大野　裕
977 悩まずにはいられない人　加藤諦三
1063 すぐ感情的になる人　片田珠美
1091 「損」を恐れるから失敗する　和田秀樹
1094 子どものための発達トレーニング　岡田尊司
1131 愛とためらいの哲学　岸見一郎
1195 子どもを攻撃せずにはいられない親　片田珠美
1205 どんなことからも立ち直れる人　加藤諦三
1214 改訂版 社会的ひきこもり　斎藤　環
1224 メンヘラの精神構造　加藤諦三
1275 平気で他人をいじめる大人たち　見波利幸